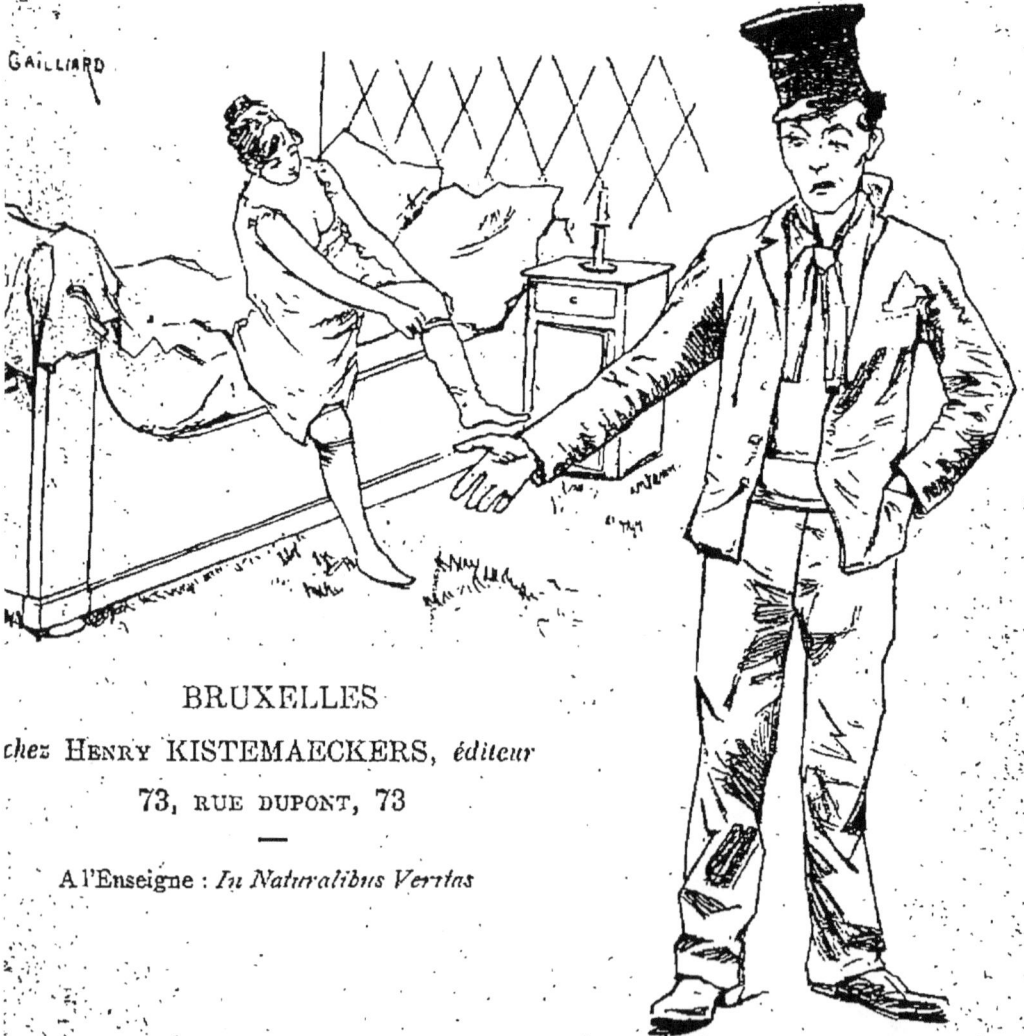

Oscar Méténier

LES
VOYOUS
au Théâtre

PARIS — BRUXELLES

GAILLARD

BRUXELLES

chez Henry KISTEMAECKERS, *éditeur*

73, RUE DUPONT, 73

—

A l'Enseigne : *In Naturalibus Veritas*

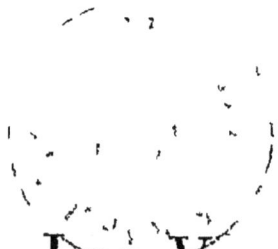

Les Voyous au Théâtre

I

EN FAMILLE

et

LA CENSURE

Conférence prononcée à Paris

Salle des Capucines

LE 19 DÉCEMBRE 1890

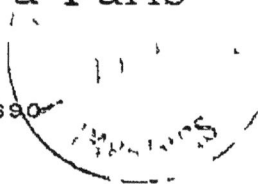

EN FAMILLE et la CENSURE

MESDAMES, MESSIEURS,

Le sujet que je me propose de traiter devant vous aujourd'hui n'est plus d'actualité. Il y a déjà plus d'un mois qu'à la suite de l'abus dont j'avais été victime, je protestais énergiquement contre l'interdiction de ma pièce *En Famille*, qui devait être jouée aux Nouveautés, et que la presse toute entière prenait ma défense. Depuis, le silence s'est fait; d'autres incidents ont occupé l'opinion publique et je n'aurais pas songé à exhumer cette vieille histoire, si l'autre jour, en classant mes papiers, tout le dossier de cette affaire ne m'était revenu sous les yeux.

Il me sembla que l'examen attentif des

la visite d'un de mes bons amis, un auteur dramatique distingué, M. Louis Tiercelin, qui me dit :

— Mme Crosnier, de l'Odéon, à qui M. Porel accorde un bénéfice, est venue me demander un acte inédit. Je n'ai rien de prêt. Mais je viens de lire ton livre. Il contient une nouvelle : *En Famille*, qui m'a beaucoup frappé. Il n'y a presque rien à faire pour la transformer en un acte très original. Au surplus, jette les yeux sur ce scenario que j'ai préparé. Toutes les scènes y sont indiquées. Il n'y a presque qu'à copier dans le livre. Si tu veux écrire cet acte, nous serons joués sur la scène de l'Odéon. Je vais informer Mme Crosnier que j'ai ce qu'il lui faut

Comme bien vous pensez, j'acceptai avec d'autant plus d'empressement que je n'eus aucune peine à me convaincre que mon ami Tiercelin avait raison. De plus, Mme Crosnier avait fait valoir qu'elle s'était assuré le concours de beaucoup d'artistes en renom. Elle devait jouer le rôle de la mère, Saint-Germain le rôle du père. Il n'y avait pas à hésiter. Le soir même, je me mettais à l'œuvre et à quatre heures du matin mon acte était écrit.

Hélas! il n'était pas revenu de la copie que Mme Crosnier nous informait qu'il y avait contre-ordre. M. Porel lui donnait comme bénéfice la première de la reprise de la *Vie de Bohème*.

Tristement, j'enfermai mon manuscrit au fond d'un tiroir. Il y resta dix-huit mois.

Ce fut Antoine qui l'en tira.

Il venait de donner sa première représentation d'essai sur la petite scène du passage de l'Elysée des Beaux-Arts, et il était à la recherche d'éléments nouveaux pour la seconde quand un ami commun lui signala mon acte.

Un mois plus tard, il voyait le feu de la rampe, en même temps que la *Nuit bergamasque* d'Emile Bergerat, mais après combien de péripéties dignes du *Roman comique!*

En ce temps-là, le Théâtre-Libre n'était pas dans ses meubles. Nous avions répété un peu partout, dans une arrière-salle de marchand de vins, dans un logement vacant, à la lueur d'une bougie, posée sur le marbre de la cheminée, avec une vieille malle pour figurer la table.

Directeur, auteurs, acteurs, tout le monde fut admirable de constance et de résignation, mais combien nous fûmes récompensés !

Cette seconde représentation d'essai fut un triomphe. Auguste Vitu qualifiait ma pièce « *d'eau forte sanglante écrite d'une main ferme et sûre, d'une main d'ouvrier* ». Francisque Sarcey déclarait qu'il n'aimait pas ce genre de théâtre, mais qu'il était bien forcé d'avouer que cet acte était fait de main de maître.

A ma joie se mêlait un peu de déception. J'ai toujours aimé le combat et je m'étais, au cours des répétitions, accoutumé à l'idée que ma première pièce soulèverait des protestations, que peut-être il y aurait bataille, et voilà que tout le monde était d'accord pour la trouver charmante.

Bref, le lendemain le Théâtre-Libre était fondé définitivement et vous savez quelles glorieuses étapes il a parcourues depuis.

Deux ans après, Antoine, qui avait joué *En Famille* à Bruxelles, avec un très grand succès, et qui avait l'intention de donner différentes pièces de son répertoire en matinées publiques sur le théâtre des Menus-Plaisirs, songea à mon acte.

La censure opposa son veto, M. Fallières étant ministre.

Antoine n'ayant pas donné suite à son projet, je ne songeai pas à protester. C'eût été un coup d'épée dans l'eau, puisque aussi bien la pièce n'eût pas été jouée.

Deux ans s'écoulent encore. Je reçois un beau matin, il y a de cela deux mois, une lettre du pauvre Brasseur, le directeur des Nouveautés récemment décédé. Je réponds à son appel.

— Avez-vous quelque chose de tout prêt pour entrer en répétition de suite? me demande-t-il à brûle pourpoint.

— Ma foi, non. Vous me prenez au dépourvu !

— C'est un peu fort ! Plus moyen de rien trouver... les vieux n'ont plus rien dans le ventre... les jeunes n'ont rien dans leurs cartons. Eh bien ! comme je veux quelque chose de neuf et que je suis pressé, indiquez-moi une pièce jouée au Théâtre-Libre

que je puisse reprendre de suite, une pièce
ayant eu du succès.

— Je veux bien, mais celle que je pourrai
vous indiquer ne sera guère à sa place
aux Nouveautés.

— Ça m'est égal !

Je lui indique alors *Le Maître* de mon
ami Jean Jullien.

— Allez me le chercher avec sa pièce.

Le soir même, *Le Maître* était reçu et
il entrait le lendemain en répétition.

Brasseur revint à la charge.

— *Le Maître*, c'est bien court ! Trois
actes ! Il me faudrait pour finir la soirée un
acte faisant contraste, un acte très rosse,
mais gai... Donnez-moi *En Famille !*

— Je veux bien, mais la censure qui l'a
interdit il y a deux ans ?

— La censure permettra ! Depuis deux
ans, avec votre sacré Théâtre Libre, vous
nous avez fait faire du chemin... Il y a deux
ans, je n'aurais pas joué *Le Maître*... Les
Variétés ne vous auraient pas joué *Monsieur Betsy*, il y a deux ans ! La censure
permettra, je vous dis, et puisqu'on veut

aujourd'hui du nouveau, eh bien, je suis décidé à en donner !

Je me rendis rue de Valois pour tâter le terrain.

Je trouvai là des hommes pleins de bon vouloir, à qui j'exposai le cas. Tous furent de l'avis de Brasseur. Certainement, aujourd'hui, après *Germinie Lacerteux*, après *Monsieur Betsy*, qui avaient triomphé malgré les attaques et les colères d'une presse pudibonde, l'éducation du public commençait à se faire et il n'y avait plus le même danger qu'autrefois à autoriser *En Famille*.

Toutefois, pour aplanir toute difficulté, on me conseilla de n'être pas intransigeant et de consentir aux atténuations qui pourraient être jugées nécessaires. Moyennant quoi, on me promettait un avis favorable.

Je consentis à tout, je partis plein d'espoir et je courus apprendre à Brasseur la bonne nouvelle.

— Je vous le disais bien ! s'écria-t-il triomphant. Nous répéterons dès que le visa sera revenu.

Hélas ! jusqu'alors je croyais, comme tout le monde, que les censeurs étaient les

maîtres et qu'ils jugeaient en dernier ressort.

Je comptais sans mon hôte... et quel
hôte !

Après quatre jours, je n'avais pas de réponse.

Nouveau voyage rue de Valois. Je demande ce qu'il y a de nouveau.

— Nous ne savons rien... Nous sommes
comme vous. Notre rapport favorable,
comme nous vous l'avons promis, est parti
chez le ministre. Il n'est pas revenu.

Et c'est alors qu'on m'expliqua la filière.

Il y a quatre censeurs au bureau des
théâtres. Ils lisent tout ce qu'on leur ap-
porte et rédigent un rapport qu'ils adres-
sent à un employé supérieur qu'on appelle,
je me demande pourquoi, Directeur des
Beaux-Arts. Puis, de là, ce rapport va chez
le ministre, qui décide.

Vous voyez que ce n'est pas une petite
affaire.

S'il n'y avait qu'à plaire aux quatre censeurs, ce serait chose facile. Ce sont des
hommes mûrs, bienveillants, très lettrés,
aimables. Quelques-uns appartiennent à la

presse. Ils jugent sainement les choses et apportent généralement dans l'exercice de leurs fonctions délicates beaucoup de tact et un grand désir de conciliation. J'ai le plaisir de connaître personnellement deux de ces messieurs et je n'ai jamais eu qu'à me louer des bons rapport que j'ai eus avec eux. On est toujours sûr de s'entendre, lorsqu'on ne veut pas être trop intransigeant.

Ce qu'on ne sait pas assez, c'est qu'ils n'ont que voix consultative. Aussi supportent-ils très injustement la peine de leurs fonctions. C'est toujours sur leur dos qu'on frappe et ils n'en peuvent mais.

On a beau leur avoir plu, ils ont beau être bien disposés pour vous, il faut encore plaire à l'*Autre*, celui de l'étage au-dessous, le Monsieur qui dirige. C'est celui-là le vrai coupable, l'empêcheur de danser en rond, le baudet sur lequel on ne devrait jamais se lasser de crier haro !

Bref, les pauvres censeurs étaient fort désolés de voir que tout leur bon vouloir ne pouvait me servir, et comme je leur objectais que j'étais pressé :

— Vous devriez voir M. le Directeur des
Beaux-Arts... Ecrivez-lui, c'est un homme
fort poli, il vous recevra, et vous saurez
à quoi vous en tenir.

J'écrivis et le surlendemain je recevais un
autographe sur papier bleu que je conser-
verai précieusement toute ma vie, car j'es-
père bien qu'il sera unique :

« *M. Larroumet aura l'honneur de rece-*
voir M. Oscar Méténier lundi, de 2 à 4 h.
de l'après-midi. Signé : Larroumet. »

Larroumet! Larroumet! Pour être Directeur des Beaux-Arts, ça devait être un
homme illustre que sa valeur avait naturellement désigné pour un poste aussi important.

Et cependant je ne savais rien de lui.
J'en étais honteux, positivement!

Je m'enquis auprès de gens bien infor-
més qui me renseignèrent.

M. Gustave Larroumet était un homme
froid, poli et décoré, qui avait eu des prix
à l'Ecole Normale et qui avait professé la
rhétorique dans des lycées de Paris et de
la province. Il avait aussi écrit des compilations sur Molière et Marivaux et l'on

m'assurait même que ces compilations avaient certainement dû être publiées quelque part...

Et c'était tout. C'était peu comme titres. Je me creusai en vain la tête pour essayer de comprendre quel motif avait pu déterminer un ministre à aller chercher un professeur de province pour diriger les Beaux-Arts.

Fallait-il que Paris fût pauvre en grands hommes !

— Enfin, me dis-je, ça ne fait rien, il est peut-être intelligent tout de même !

Et le lundi je mettais ma plus belle redingote et je me présentais à l'immeuble de la rue de Valois. En voilà un monument qui n'a pas de veine ! Avoir pendant des siècles abrité des rois et en être réduit à servir de réceptacle à un Larroumet ! Je n'attendis pas longtemps, cinq minutes environ. On m'introduisit.

M. le directeur fut aimable et fort poli, quoique froid, comme il était prescrit.

— Monsieur, me dit-il en substance, non seulement j'ai lu votre acte, mais je l'ai vu jouer, et, ajouta-t-il avec un sourire qu'il

s'efforça de rendre gracieux et sur lequel il
n'y avait pas à se méprendre, je n'ai pas à
vous donner ici mon impression de confrère; mais le fonctionnaire a le regret
de vous annoncer que M le ministre, obéis-
sant à des considérations qu'il ne m'appartient pas de juger, a purement et simplement confirmé l'interdiction de son prédécesseur, M. Fallières.

Au mot de confrère, j'avais bien envie de
protester. Je me retins pour ne pas aggra-
ver ma situation ; mais en entendant la fin
de la phrase, je ne pus m'empêcher de me
récrier.

— Il ne m'appartient pas d'apprécier la
décision de M. le ministre. Je ne suis qu'un
intermédiaire, à mon regret, déclara
de rechef l'homme poli.

— Cependant, monsieur, nous sommes
en République; on a joué ma pièce sans
protestation à Bruxelles, dans une monar-
chie, au théâtre de la Reine... A Paris, plusieurs milliers de personnes l'ont entendue
et applaudie.

— Je n'ai pas à apprécier la décision de

M. le ministre, répéta immuablement le directeur des Beaux-Arts.

— Mais enfin, le ministre et vous-même venez d'encourager, par une subvention déguisée de cinq cents francs par an, ce même Théâtre-Libre que *En Famille*, pour sa faible part, a contribué à fonder.

— Nous avons entendu encourager l'ensemble de la tentative de M. Antoine, non certaines pièces prises en particulier, les *Chapons*, par exemple.

— C'est entendu! J'en excepte celles qui ont causé quelque scandale, mais la mienne, monsieur, qui a été louée même par M. Sarcey, je suppose qu'elle entre bien dans l'ensemble dont vous parlez. Alors je ne comprends pas... Donnez-moi une raison.

Sans répondre, M. Larroumet esquissa de la tête un geste vague et se leva comme pour me faire comprendre que l'audience était terminée.

Je ne me fis pas répéter l'invitation; je l'avais assez vu et je compris alors quelle joie avaient dû éprouver ses élèves, lors de la nomination de leur cher maître à la direction des Beaux-Arts.

— C'est bien, dis-je, en me dirigeant vers la porte ; comme j'ai le droit d'exiger une raison, un motif, je vais chez le ministre.

— Chez le ministre ? interrompit vivement M. Larroumet ; c'est inutile, il ne vous recevra pas.

— Je ne dis pas que le ministre me recevra, mais je dis que je serai reçu chez le ministre...

En effet, la veille, j'avais eu le vague pressentiment que je ne tirerais rien de cet homme si poli, et je m'étais ménagé une entrée au ministère, pour le cas où j'échouerais rue de Valois.

Cette déclaration très nette parut gêner considérablement Larroumet dit l'Aimable, comme Choppart dans le *Courrier de Lyon*.

Il tira sa montre et tout en m'accompagnant :

— Il est quatre heures... Vous ne trouverez personne.

— Mais si... mais si... on m'attend !

Nombreuses et profondes salutations, et je sortis.

Au ministère, je fus reçu par un très haut fonctionnaire, mais celui-là digne des fonctions qu'il remplit, aussi affable que l'autre était glacé.

Je lui rendis compte de la démarche que je venais de faire.

— Larroumet a dit la vérité, me dit-il, et le ministre a confirmé l'interdiction depuis deux jours. Toutefois, comme j'ai été prévenu hier de votre visite, j'ai voulu en avoir le cœur net et j'ai lu votre brochure. La voilà, là. . sur mon bureau. Je vous fais compliment. Je trouve cela très drôle, très amusant, sans danger... et je ne m'explique pas que Larroumet se soit opposé à la représentation. Tous les jours on entend au concert des choses plus raides... Tenez, j'ai fait mieux, pour voir. Bien que le ministre, surchargé de besogne, soit à peu près inabordable, je suis parvenu à lui faire lire votre pièce ce matin... en déjeunant... Ça l'a fait rire...

— Et son avis ?

— Comme moi. Pas de quoi fouetter un chat.

— Eh bien, alors ?

— Eh bien, alors, il a signé, il y a deux jours, l'interdiction sur le rapport de Larroumet. Que Larroumet revienne sur son rapport, il reviendra sur sa décision. Voyez Larroumet.

Mais, rue de Valois, M. Choppard, je veux dire M. Larroumet ne me reçut plus. Par son secrétaire particulier, un garçon fort gentil, un peu confus de la commission, il me fit dire qu'il serait trop heureux de m'annoncer lui-même une bonne nouvelle, mais que malheureusement la situation restait la même.

Toutefois, si je pouvais parvenir à lui faire envoyer par le ministre l'ordre de laisser faire, je ne rencontrerais chez lui aucune résistance.

Au ministère :

Que M. Larroumet commence... qu'il change les termes de son rapport. Le ministre laissera faire... Il n'y voit pas d'inconvénient.

Et pendant huit grands jours, je fus ainsi renvoyé de Caïphe à Pilate, flanqué de mon ami Jules Brasseur, qui ne me lâchait pas, faisant la navette entre la rue de Grenelle et la rue de Valois.

Tout le monde consentait. Personne ne

voyait d'inconvénient à ce que ma pièce fût jouée.

Personne ne voulut jamais prendre la responsabilité de dire : Allez!

Il est probable que si j'avais pu arriver à voir le ministre et lui expliquer de vive voix qu'on se fichait de lui et de moi, dix minutes d'entretien auraient eu raison de toutes ces difficultés.

Mais les ministres ne sont visibles que pour leurs directeurs ! C'est par eux qu'ils savent ce qui se passe. . Ils peuvent se vanter d'être joliment renseignés et conseillés. Ils ne se douteront jamais de ce que leur confiance en leurs subordonnés leur fait commettre de gaffes ! Si, ils s'en doutent quelquefois, et M. Bourgeois l'a bien vu, au tolle général qu'a soulevé dans la presse la décision ridicule qu'il a prise en interdisant une pièce qu'il n'avait pas lue, sur le simple avis de M. Larroumet, une pièce qu'il a été tout étonné, deux jours après, d'avoir interdite.

C'est sur lui qu'on est tombé.

Et cependant on dit que M. Bourgeois, que je ne connais pas, est un homme d'idées

très larges, très libéral, très droit. Mon Dieu!
que serait-ce s'il avait des idées étroites?

—Et nous sommes en République! s'écrie
un des personnages de ma pièce.

— Moi, je n'ai pas d'opinions politiques
et je m'en fais gloire, mais j'aimerais mieux
l'Empire.

J'aurais économisé cent francs de voi-
tures et huit jours de temps. J'aurais
probablement trouvé un ministre et un
directeur des Beaux-Arts qui m'auraient
dit carrément :

— Monsieur, votre pièce ne sera pas
jouée, et si vous voulez des raisons, je vais
vous en donner une seule qui suffit : c'est
que ça ne me plaît pas.

J'aurais été fixé de suite, ainsi que Brasseur.

Et encore est-il bien sûr qu'on m'aurait
répondu cela?

On était très sévère pour tout ce qui
pouvait se rapporter à la politique, mais
quand il ne s'agissait que des mœurs!...

La *Belle Hélène* et la *Grande Duchesse*,
ces satires des rois et des dieux, n'ont pas

eu de plus chauds partisans que l'Empereur et toute sa Cour.

On a laissé jouer sous l'Empire *Henriette Maréchal*, de MM. de Goncourt, une pièce très révolutionnaire pour ce temps-là, et ce sont les républicains qui ont protesté, les purs, sous la conduite du fameux Pipe-en-Bois.

Aujourd'hui, le farouche Pipe-en-Bois est directeur des Beaux-Arts et il continue son métier. Non content d'être plus intolérant que sous l'Empire, il se fiche du monde et il fait insulter pour ses gaffes son ministre, qui n'en peut mais. Je ne souhaite qu'une chose, c'est qu'il continue. Ça décidera peut-être M. Bourgeois à montrer un peu d'énergie et à nettoyer la rue de Valois. S'il tient à un professeur de rhétorique, il y en a quatre-vingt-six dans les quatre-vingt-six départements, qui ne demandent qu'à marcher.

Le moindre d'entre eux vaudra autant.

J'allais oublier un trait qui finira de peindre le bonhomme.

Le huitième jour de ma Passion, me trouvant au ministère, je me souvins qu'au cours de mes pérégrinations j'avais oublié de demander le motif pour lequel Pipe-en-Bois avait requis l'interdiction de ma pièce auprès de M. Bourgeois qui ne la connaissait pas.

Naturellement, on l'ignorait au ministère, bien que cela puisse paraître invraisemblable, car tout est invraisemblable dans cette histoire édifiante ; mais comme là on tenait à me faire plaisir, on téléphona pour demander en fin de compte, à la rue de Valois, le fameux motif qui me valait une pareille rigueur.

Cette fois, le sphinx se démasqua sans se douter que je n'étais pas loin de l'appareil, et on répondit : *Contexture générale.*

Il n'y avait plus de doute, le veto venait bien de la direction, mais que diable pouvait bien dire ce mot : *contexture ?*

Le fonctionnaire auquel je m'adressai n'y pouvait, pas plus que moi, rien comprendre. Il y avait donc une *contexture* spéciale dont le modèle-type, l'étalon était déposé dans les archives des Beaux-Arts ? Alors on le dit, on prévient les gens !

Toutefois, après avoir longuement réflé-

chi, je crois avoir deviné. Lorsque M. Larroumet, arraché à ses chères études, fut appelé
à Paris, il y vint avec l'évidente intention
de diriger les Beaux-Arts dans une voie
spéciale.

Mais voici que, justement, il tomba dans
un moment où une évolution dramatique
se manifestait, tout a fait contraire à ses
opinions personnelles. L'opinion publique
se déclarait ouvertement en faveur de cette
évolution, les théâtres ouvraient leurs portes
aux adeptes de la nouvelle école. Ce n'était
pas de veine pour un début.

Alors Pipe-en-Bois imagina un truc d'une
hypocrisie bien provinciale.

Comme il tenait à sa place et que pour la
conserver il ne fallait pas avoir l'air de
braver l'opinion, il affecta d'encourager les
jeunes, couvrit d'or et de lauriers le Théâtre-
Libre, qui joue ses pièces à bureau fermé,
mais il se réserva *in petto* d'étrangler court
et net le premier qui s'aviserait d'en sortir.

Comme il lui fallait un prétexte honnête,
il chercha, pour couvrir sa petite infamie,
un mot ronflant, mais vide de sens.

Contexture lui parut convenir admira-

blement et il choisit contexture. Et je
fus étranglé au nom de la contexture à
Larroumet.

Et le même sort attend tous ceux qui,
applaudis au Théâtre-Libre par Larroumet
lui-même, tenteront de sortir du Théâtre-
Libre et de se faire applaudir ailleurs (1).

Nous avions déjà l'homme à la tête de
veau, nous aurons désormais l'homme-contexture. Une idée neuve que je soumets et
que je donne pour rien à nos intelligents
Barnums.

Il y a de l'argent à gagner avec une
attraction pareille à la foire aux pains
d'épice.

Mais un petit détail eût certainement fait
hésiter l'homme-contexture quand il soumit
sa petite idée à l'innocent monsieur Bourgeois. Je suis certain que s'il eût pu prévoir
que je ne me laisserais pas étrangler sans
crier, s'il eût su que je serais aussi soutenu
que je l'ai été par la presse entière, il aurait
parfaitement laissé jouer *En Famille*.

---

(1) Ma prédiction s'est accomplie. Deux mois plus tard,
Larroumet interdisait au nom de la *contexture* la pièce tirée
par Jean Ajalbert du roman de M. de Goncourt, *La Fille Elisa*,
qui venait de remporter un grand succes au Théâtre-Libre.

Il s'est dit certainement :

— Un petit acte, ça ne tire pas à conséquence, et au moins comme cela je n'aurai pas à créer un précédent fâcheux.

Il est évident qu'il y a eu malentendu entre nous et qu'il ne me connaissait pas, pas plus du reste que je ne le connaissais.

Outre que je suis indépendant, j'ai la chance d'être très rancunier et un tantinet rageur.

Le lendemain de la *contexture*, j'allai trouver M. Francis Magnard, qui me reçut avec sa bienveillance ordinaire. Je lui exposai mon cas et avec une affabilité dont je ne lui saurai jamais assez de gré, il mit le *Figaro* à ma disposition.

Deux jours après, paraissait en première page un article où je faisais juge le public de la façon dont l'homme-contexture savait berner à la fois son ministre et les hommes de lettres en l'an de grâce 1890.

Aussitôt, Larroumet ripostait par un interview rédigé en style administratif, dans lequel il était expliqué que le ministre avait maintenu de sa pleine autorité la décision de son prédécesseur, que lui, Larroumet,

n'avait été dans cette affaire que le porte-
parole de M. Bourgeois, et que par conséquent jamais le moindre désaccord n'a
existé entre le ministre et lui.

Ma réponse va être facile.

De l'aveu même de M. Larroumet, le visa
a été accordé par la censure, sauf appro-
bation des autorités supérieures.

Donc les quatre censeurs sont hors de
cause. Comme ils me l'avaient promis, leurs
conclusions m'ont été favorables et il n'a
pas tenu à eux que ma pièce ne fût jouée.

Restent en présence le directeur des
Beaux-Arts et le ministre. L'un, le ministre,
qui ignore de quoi il s'agit et jusqu'au titre
de la pièce, et l'autre, le directeur, qui l'a
lue et vu jouer.

Et cependant, le ministre, sans se rensei-
gner ailleurs qu'auprès de M. Larroumet,
maintient à l'aveuglette l'interdiction.

Je veux bien l'admettre, quoique cette
façon d'agir soit peu digne d'un fonctionnaire d'un ordre si élevé, d'un ministre
républicain.

Mais le hasard veut que, deux jours
après, M. Bourgeois ait l'occasion de lire

ma pièce, et un témoignage, dont il n'est pas permis de douter, m'apprend qu'il est étonné qu'on lui ait fait signer l'interdiction d'une pièce où il n'y a pas de quoi fouetter un chat.

Alors le dilemme suivant s'impose : ou le ministre est un inconscient, ce qui est inadmissible étant donné le bon renom qu'il a su acquérir ; ou sa bonne foi a été surprise par Larroumet.

J'aime mieux croire, pour son honneur, que sa bonne foi a été surprise.

Ce qu'il fallait démontrer.

Dans tous les cas, le ministre est un faible, car lorsqu'on a un domestique infidèle on lui fait rendre son tablier, et il a été bien bon de s'exposer pour l'amour de Larroumet aux camouflets qu'il a reçus.

Il n'avait qu'une chose à faire : le jeter à l'eau.

Voici une nouvelle preuve de ce que j'avance.

Le lendemain du jour où parut mon article, je rencontrai un sous-ordre de Larroumet, un qui l'approche de très près, le connaît fort bien et l'estime à sa juste valeur, un qui connaissait les dessous de mon affaire.

Ce fonctionnaire me prit par le bras et me dit tout bas :

— Vous avez parfaitement raison de tomber sur Larroumet. C'est de lui que vient le mal... Vous m'entendez, c'est un cochon ! (*Sic*)

Voilà l'opinion de ses subordonnés.

Maintenant l'opinion de ceux qui ont eu affaire à lui.

Un peintre très célèbre, qui a de nombreuses commandes de l'Etat et par conséquent de fréquents rapports avec le directeur des Beaux-Arts, s'exprimait ainsi :

— Vous n'avez eu qu'une fois affaire à Larroumet et vous vous en êtes mal trouvé... Moi, qui le vois souvent — je cite textuellement — je vous jure que c'est le dernier des mufles.

Bref, de tous côtés je n'ai reçu que des marques de sympathie et toute la presse pendant huit jours a marché comme un seul homme. Je vous assure qu'il n'y a rien de consolant pour moi et de réjouissant comme la collection des articles que j'ai là, sous les yeux. Si vous voulez, nous allons rapidement parcourir les plus curieux.

L'homme-contexture n'a eu pour le défendre que les filets qu'il a rédigés de sa propre main et fait insérer dans les journaux entretenus.

Un exemple :

Un de mes amis fait passer un article dans son journal, un article dans la note douce, où M. Larroumet n'était blagué qu'agréablement. C'était un des tendres.

Le lendemain, le rédacteur était appelé dans le cabinet du rédacteur en chef, et on lui signifiait qu'il eût à ne plus jamais s'occuper de M. Larroumet, ni pour l'attaquer, ni pour le défendre, s'il tenait à sa place.

En même temps, la direction faisait passer un filet signé Z où il était dit que les journaux faisaient beaucoup de bruit pour rien et que je devais au contraire m'estimer heureux de me faire tant de réclame à si bon marché.

Mais je ne dis pas non, M. Larroumet! Je ne m'en plains pas, au contraire, bien que j'eusse préféré voir jouer ma pièce.

Et notez que je n'ai pas été seulement
soutenu par les organes de l'opposition, ou
les indépendants ; mais la presse conserva-
trice elle-même a marché. Des journaux
inconnus, invraisemblables, ont pris ma
défense ; des journaux catholiques comme
l'*Église de France*, le *Rosier de Marie*, dont
je ne soupçonnais pas l'existence, l'*Observateur français*, organe du Vatican.

Le rédacteur de l'*Église de France* s'exprime ainsi :

« Il est certain que dame Anastasie, personni-
fiée par trois fonctionnaires de la direction des
Beaux-Arts, a des lubies inexplicables. C'est
ainsi qu'elle se montre pleine de mansuétude
pour ce qui regarde les cafés-concerts, tandis
qu'elle réserve ses rigueurs pour quelques
auteurs qui ont eu le tort de lui déplaire
personnellement.

» On joue actuellement à la Scala une farce
dégoûtante, et sans excuse, une ineptie qui a
pour titre le *Capricorne*, que les censeurs
patentés ont laissé passer sans sourciller et
que la police devrait interdire comme un
outrage permanent aux mœurs et à la reli-
gion.

» Je ne sais, ma parole d'honneur, à quoi songent les employés de M. Larroumet ! Mais si l'on réfléchit qu'ils ont empêché la Comédie Française de représenter le *Pater* de François Coppée, on ne peut que se demander, en voyant le *Capricorne*, à qu'lle haine de sectaires ces gens-là obéissent.

» Il y a là dedans, à côté de saletés répugnantes et de cochonneries étalées au grand jour, une parodie insultante pour la conscience de la majorité des Français. L'un des personnages, le plus grotesque, naturellement, représente un séminariste qui chante des *oremus* au milieu des refrains libidineux de ses comparses.

» C'est un spectacle écœurant et honteux tout à la fois, car les auteurs de cette farce sans talent et sans esprit ne peuvent se vanter d'être des artistes Ce sont des exploiteurs sans vergogne, qui flattent le public dans ses instincts les plus bas.

» Mais que penser des censeurs qui approuvent officiellement de pareilles infamies, ou du moins qui les tolèrent ?

» Il n'y a pas deux façons d'envisager les choses. Ces censeurs-là ne sont que des censeurs complaisants et qui remplissent leurs fonctions tout au rebours.

» Ils ont donné des preuves multiples de leur incompétence, de leur ignorance, de leur nullité. Il faut les supprimer purement et simplement. »

Quant à moi, en ce qui a trait à la censure préventive, je m'en tiens à l'opinion d'un chroniqueur de la *Nation*, qui dit :

« M. Oscar Méténier continue, non sans raison, à maudire Anastasie et à réclamer sa mort.

» La censure préventive ne prévenant presque toujours rien, je ne vois pas pourquoi on s'obstine à la maintenir. Bien souvent, nous avons vu la censure couper une scène ou un mot qui auraient pu passer sans encombre, et en autoriser un autre qui provoque dans la salle des cris de chacal enrhumé.

» M. Méténier et beaucoup d'autres pensent avec raison que puisque la censure préventive n'arrête rien, autant vaut faire rentrer les auteurs dans le droit commun.

» Le théâtre est une industrie comme une autre ; or, quand je prends un grog à Tortoni, Percheron n'a pas l'habitude de prier une commission de six membres de vouloir bien analyser ma consommation.

» Mais le jour où un limonadier me sert un

grog compliqué de vitriol, je dépose une
plainte au parquet et je fais arrêter l'empoi-
sonneur.

» Il est nécessaire de faire justice, mais alors
seulement que le crime est constaté. Décapiter
un individu avant qu'il l'ait commis m'a toujours paru abusif ; le décapiter après me
semble déjà une chose fort grave. »

En ce qui concerne la tolérance dont fait
preuve l'homme-contexture pour les obscénités des cafés-concerts, j'en trouve une
explication, que j'ignorais, dans un article
emprunté à un journal de caricatures, la
Silhouette :

« Ces bons messieurs de la direction des
Beaux-Arts, dont l'emploi consiste à poser des
censures aux littérateurs français, viennent
encore de faire parler d'eux.

» M. Oscar Méténier s'est vu refuser l'auto-
risation de faire représenter sur une scène
parisienne sa pièce *En Famille*, jouée jadis
au Théâtre-Libre, sous le délicieux prétexte
que sa CONTEXTURE GÉNÉRALE était inaccep-
table.

» Vainement, M. Méténier tenta démarches
sur démarches aux bureaux de la rue de

Valois ; après maintes aspersions d'eau bénite
de cour et maints baisers *Larroumette,* on le
renvoya berné et pas content.

» Le jeune auteur a regimbé et il a eu raison.
Je ne viens point lui apporter mon faible
concours, puisque aussi bien il est de taille à se
défendre hardiment, mais il est une phrase
de sa lettre de réclamation adressée à
M. Francis Magnard que je veux retenir ;
c'est la suivante :

» — L'interdiction d'*En Famille* est un précédent. Après ma pièce, on en interdira
d'autres. Une fois de plus, la parole de Figaro :
— *On m'assure qu'il existe à Madrid,* etc.,
aura reçu son application, avec cette nuance
qu'à Paris on fait exception pour les vaude-
villes graveleux et les obscénités de cafés-
concerts.

» C'est que sans doute M. Méténier ignore
que le visa est la plupart du temps accordé
aux susdites obscénités sur l'instante requête
des chanteuses qui les doivent interpréter.

» Par contre, j'ai vu prononcer le *veto* sur
certains vers où l'on eût vainement cherché
la moindre allusion démoralisatrice. Tant il
est vrai qu'il est toujours dangereux pour les
littérateurs honnêtes de méconnaître l'éter-

nelle vérité du proverbe : Il est avec le
ciel des accommodements.

« Vous devinez de quel CIEL il s'agit. »

J'avoue que je n'avais pas pensé à cela.
Mais, très sincèrement, l'idée ne me serait
jamais venue, après avoir vu Larroumet,
de demander à aucune de mes interprètes,
même aux plus dévouées et aux plus coura-
geuses, un pareil sacrifice.

Il eût été au-dessus de leurs forces.

Voici maintenant le *Petit National* qui,
du premier coup, a su dégager la responsabilité de chacun.

« M. Méténier n'est pas content. Nous le
comprenons sans peine ; mais nous avouons
que nous ne sommes pas autrement fâché de
sa mésaventure.

» Il était nécessaire pour les auteurs d'aujour-
d'hui et pour ceux de demain qu'une nouvelle
incartade de la censure attirât sur elle l'attention générale.

» Or, cette fois, la chose nous paraît devoir
prendre une tournure nouvelle.

» Fort habilement, M. Méténier oppose l'une

à l'autre deux administrations, et il nous
paraît difficile que du conflit qui ne va pas
manquer d'éclater entre M. Larroumet et
M. Bourgeois, il ne sorte pas quelque avantage
pour les littérateurs

» Déjà, les journaux semi-officieux décla-
raient hier soir que seul le ministre avait mis
l'interdit sur *En Famille*; or, d'après M Méténier, c'est M. Larroumet qui est le coupable.

» Qui trompe-t-on ?

» Le ministre va-t-il endosser la responsabilité ? Mais M. Bourgeois est un ministre
radical, ennemi par ses principes mêmes de
tout ce qui sent son privilège et son abus de
pouvoir des temps passés, et s'il est reconnu
que c'est véritablement lui qui a censuré, lors
de la discussion du chapitre du budget qui le
concerne, il pourrait bien s'attirer quelques
réflexions ou modifications désagréables.

» Si, au contraire, M. Bourgeois rejette la
responsabilité sur M. Larroumet, il avoue son
impuissance et en même temps l'omnipotence
du charmant universitaire.

» De quelque côté qu'on envisage la question, elle paraît difficile à résoudre autrement
que par la mort sans phrases de cette vieille
rageuse d'Anastasie.

» Son existence ne correspond à aucun de nos

besoins. Souverainement antipathique, ridi-
culement maladroite, niaisement appliquée,
la censure a contre elle tout ce qui tient une
plume, ou même un crayon.

» Les souvenirs de la *Moabite*, de Déroulède,
du *Pater*, de François Coppée, sont encore
présents à toutes les mémoires, et si jamais
réforme fut désirée, c'est bien celle qui com-
porte sa suppression. »

Du *National* cette réflexion très judi-
cieuse :

« Il se peut que l'œuvre de M. Oscar Méténier
froisse les convenances. Mais comment se
fait-il qu'elle n'ait pas choqué nos bons amis
les Belges, chez qui elle a obtenu, dit-on, un
grand succès ? Nous ne pensons cependant pas
qu'on soit plus chatouilleux à Paris qu'à
Bruxelles. Hélas ! s'il en était ainsi, nous
n'aurions plus qu'à renier Rabelais, et c'est un
sacrifice que nous ne sommes pas disposés à
faire, n'en déplaise aux moralistes de la rue
de Valois ! »

L'*Intransigeant*, lui, est plus radical. Il
est pour la justice que l'on se rend soi-même
par les moyens violents.

Après avoir rappelé mes premières démarches, il s'exprime ainsi :

« Nouvelle course aux Beaux-Arts. L'illustre Larroumet confirme purement et simplement sa première réponse : le ministre, etc.

» Derechef, Méténier, accompagné de M. Brasseur, retourne au ministère où il apprend enfin que *le ministre ne pouvait, malgré son desir, désavouer le bureau competent* et que le motif de l'interdiction était ainsi libellé : *contexture générale*.

» C'est baroque, mais insuffisant comme explication.

» Les bureaucrates de la censure et leur chef immédiat, le célèbre M. Larroumet, se sont évidemment moqués de M. Méténier et de M. Brasseur Ils avaient le droit d'interdire *En Famille,* droit monstrueux et d'autant plus stupide qu'il est exercé par des gens très honorables, sans doute, mais peu versés dans la littérature — la lecture de quelques pages de M. Larroumet suffirait pour se convaincre du fait; - mais ils n'avaient pas le droit de berner M. Méténier.

» Si le ministre avait quelque sentiment de

l'équité, il rappellerait son subordonné à l'ordre. Mais, à la place de l'auteur d'*En Famille*, nous n'attendrions pas l'intervention de M. Bourgeois pour régler cette petite et sotte affaire. »

Henri Rochefort, dans un article terrible, comme ceux qu'il sait écrire, fait remonter la responsabilité à M. Constans, par habitude. Titre : La rentrée d'Anastasie.

« C'est la pièce *En Famille* qui lui a fourni l'occasion de faire sa rentrée. Nous allons revoir cette éplucheuse interdisant, dans le menu d'un dîner, le mot « barbe-de-capucin », qui chagrinerait les dominicains du Havre, et le grattoir dramatique ou littéraire tiendra compagnie au grattoir électoral.

» Oh ! soyez tranquilles : la terrible sorcière ne s'exercera pas sur les représentations tauromachiques de la rue Pergolèse. Tout dernièrement, un picador a été éventré par un taureau qui se trouvait incontestablement dans le cas de légitime défense. La censure s'est bien gardée d'intervenir et de demander la fermeture de cet abattoir. Elle sait que M. Constans est dans l'affaire et elle n'est pas

assez mal élevée pour mettre le doigt entre
l'arbre et l'écorce.

» Toujours comme sous l'Empire, tous les
ouvrages sont permis, pourvu qu'il n'y soit
pas question de politique. Faites une comédie
en trois actes, dans laquelle les femmes se
montreront décolletées jusqu'au nombril et
danseront au dénouement un cancan final
sans pantalon : Anastasie accordera à ces
tableaux vivants son visa le plus sympa-
thique.

» Si même une de ces décolletées se faisait
spécialement engager pour chanter au second
acte *le Père la Victoire*, chant de guerre particulièrement cher à M. Carnot, on l'autorise-
rait sans difficulté aucune à se présenter entièrement nue devant le public.

» Mais il est probable que l'œuvre de M. Méténier contient d'autres éléments d'intérêt, et
c'est pourquoi on la sabre sans rémission.
Comme tous les gouvernements de décadence,
le nôtre consent à ce que les gouvernés rigo-
lent, mais il ne veut pas qu'ils pensent. Des
chevaux, des taureaux, des femmes, des tri-
pots : rien de mieux ; mais des études philo-
sophiques, pas de ça, Lisette !

» M. Méténier montrait aux spectateurs une
plaie sociale. Or, depuis l'arrivée de Constans,

Rouvier, Etienne et Yves Guyot, la société a été guérie de toutes ses plaies. Quand le ministre des finances fabrique à la Bourse des hausses factices de dix et douze francs en un mois, il y a bien, comme dans toutes les villes de jeux, des bonnes gens qui, faute de pouvoir payer leurs différences, se brûlent un peu la cervelle. Mais on les enterre la nuit, pour ne pas attrister les autres, et les danses recommencent, plus folâtres que jamais

» Faites tant que le cœur vous en dira, tourbillonner sur la scène des petites femmes qui exhibent leurs derrières aux yeux d'un orchestre ébloui, mais ne vous avisez pas de représenter un soldat mourant des fièvres au Tonkin : Anastasie démancherait tous les balais de sa portière pour vous donner la chasse.

» Pour les ministres, le théâtre est destiné à faciliter la digestion, et non a la troubler. Si Molière n'avait pas eu la chance de vivre sous Louis XIV et Beaumarchais sous Louis XVI, jamais, de nos jours, ils ne seraient parvenus à faire jouer l'un *Tartufe*, l'autre le *Mariage de Figaro*. Il y avait une censure à ces deux époques, mais elle était infiniment plus libérale que celle de Carnot. »

M. Rochefort a tort. Si j'avais eu affaire
à M. Constans, qui est un autoritaire et
qui n'a pas l'habitude de se laisser mener,
il m'aurait dès le premier jour signifié sa
volonté.

— Vous ne serez pas joué parce que
cela ne me plaît pas.

Et j'aurais compris ça.

Mais s'il se fût aperçu après coup, comme
cela est arrivé, que sa bonne foi avait été
surprise, il eût sans hésitation renvoyé
M. Larroumet faire admirer les beautés de
sa contexture aux élèves d'un département
éloigné.

Je pourrais vous lire de semblables articles jusqu'à demain. Rassurez-vous, je
n'abuserai pas de votre bienveillance.

Je demande seulement à citer encore un
paragraphe incident pris dans un article
de Mme Sévérine, où elle répond au reproche
que la censure pouvait me faire d'avoir employé dans ma pièce le langage populaire :

« N'allez pas conclure que j'approuve au
théâtre la grossièreté voulue. Elle me navre
lorsqu'elle est inutile ; je la subis, je l'ap-

prouve même lorsqu'elle est la traduction d'un état d'âme crapuleux, la résultante d'un milieu où s'agitent des êtres qui ne sauraient s'exprimer autrement.

. » Chaque classe de la société a son langage comme ses refrains de prédilection. Le marmiteux qui, sous sa haute casquette, roucoulerait une phrase de *Sigurd* en surveillant le travail de sa bonne amie, serait aussi ahurissant que l'ambassadeur d'Angleterre chantant :

» C'est pas pour ça que je t'ai donné ma sœur !

» L'*En Famille* de Méténier, cette étude incomparable que la censure s'obstine à refuser sous prétexte que M. Carnot ne parle pas comme ça, l'*En Famille* est une œuvre de haut mérite, justement parce que les personnages ont le jargon qui convient.

» Evidemment : « J'en ai mouché un qui m'écrasait les fumerons !» constitue un euphémisme regrettable et d'une douteuse correction. « J'ai rappelé à la politesse un monsieur qui me marchait sur les pieds » serait grammaticalement meilleur et infiniment plus distingué. Reste à savoir lequel se dit place Maubert, quand c'est un taudis de la place

Maubert que représente le décor, et le monde
à Gamahut qu'on a campé sur la scène.

» — A quoi bon ces spectacles vils? mur-
murent quelques vieilles harpes éoliennes,
quelques vieux cygnes déplumés.

» Qu'on leségorge, ceux-là! Ou mieux, qu'on
les renvoie au *Lac* — et autres gondoles !
Tous les spectacles sont élevés, s'ils donnent
une bonne émotion d'art, la sensation poi-
gnante d'une vérité. Un genre noble alors,
et un genre pas noble ?... Si ce n'est pas
à pleurer ! Mais justement parce que je suis
une assoiffée d'exactitude, une inassouvie de
sincérité, et point du tout une amoureuse du
trivial par goût de bassesse, je subis le choc
en retour de cette théorie, une, sans exception,
sans dérogation. Un mot brutal, dit par de
certaines gens, un détail cru placé en de
certains milieux, me choque autant, si ce
n'est davantage, qu'une expression choisie en
la bouche d'un voyou. »

Et enfin, pour terminer, un article de
M. Léon Millot, de la *Justice*, où il développe les raisons qui ont pu déterminer la
censure à interdire ma pièce. On ne dira
pas que je ne fais pas la part belle à

M. Larroumet.

Après l'exposé des démarches, il s'exprime ainsi :

» Nous ne saurions douter de la parole de M. Méténier, et entre ses affirmations catégoriques et les « renseignements » communiqués à un rédacteur du *Figaro* dans les bureaux de la rue de Valois, il n'y a pas lieu d'hésiter. Mais la question n'est pas là. Le fait saillant, celui qu'il nous importe de retenir, c'est l'interdiction prononcée contre la pièce de notre confrère. Edictée lorsque M. Fallières était ministre, elle est maintenue sous M. Bourgeois. Des ministres passent, mais les bureaux restent.

» Notez que M. Méténier avait demandé aux inspecteurs des Beaux-Arts de lui indiquer les modifications à faire. Il se déclarait prêt à les exécuter. Mais la censure avait oublié de tailler ses crayons rouges. Elle n'était pas en train de souligner et elle n'a dénoncé aucun passage particulièrement. Elle s'en est pris à la « contexture générale ». La pièce de M. Méténier n'était pas conforme à son esthétique. Voilà où nous en sommes, après le décret du gouvernement du 4 septembre, qui a supprimé la censure. Il est vrai qu'elle avait déjà été abolie, il y a cent ans, sous la première République.

» Nous n'acceptons, nous l'avons dit, que la version de M. Méténier. Mais si nous tenions pour authentique celle des bureaux reproduite par le *Figaro*, il en résulterait que ce sont successivement la censure, M. Larroumet et M. Fallières, puis M. Bourgeois, qui ont été pour l'interdiction. Le comité d'examen, le directeur des Beaux-Arts et les ministres chargés du département de la littérature seraient d'accord pour mettre le *veto* sur une pièce que le théâtre de la Reine a pu jouer sans protestation en Belgique. Franchement, la version de M. Méténier vaut mieux. Nous aimons mieux croire, pour l'honneur de la République française, que ce sont les castrats légendaires de la commission d'examen qui ont mis leur *veto* sur *En Famille*. M. Larroumet, comme c'est le devoir de tout directeur qui se respecte, les a couverts et le ministre était tout disposé à laisser jouer la pièce de notre confrère. Mais pouvait-il donner un démenti solennel à M. Fallières, à la censure et à son directeur des Beaux-Arts ? C'en était fait de la sacro sainte tradition ; il eût porté un coup mortel à la hiérarchie.

» Et voilà comment les bureaux ont toujours le dernier mot et comme quoi les ciseaux du comité d'examen sont plus puissants que les bonnes dispositions des ministres. Est-ce que la Chambre, qui est en train de discuter le budget, ne va pas enfin faire l'économie de la censure ? »

A part le rôle qu'il prête un peu injustement aux quatre censeurs, M. Millot est dans le vrai. Son article, très sensé, ne fait-il pas ressortir complètement la morale de cette affaire ?

La conclusion n'est guère consolante. On a beau changer de gouvernement, les ministres passent et les bureaux restent, et nous sommes toujours destinés à être tracassés bêtement, nous, les inoffensifs, qui ne gênons en rien la liberté des autres, tant qu'un nouvel Hercule ne montera pas au pouvoir et ne nettoiera pas une bonne fois pour toutes ces nouvelles écuries d'Augias.

J'ai étalé devant vos yeux, mesdames et messieurs, toutes les pièces du procès.

Il vous reste maintenant, pour qu'il vous

soit possible de prononcer un jugement, à entendre cette pièce révoltante qui a porté une si rude atteinte à la pudeur de l'homme-contexture.

(Lecture d'EN FAMILLE)

L'accueil flatteur que vous venez de faire à ma pièce, mesdames et messieurs, m'indique assez clairement que j'ai gagné mon procès.

Il me reste à vous remercier de la bienveillante attention que vous avez bien voulu me prêter et à vous dire ce que je compte faire.

Mon Dieu ! c'est bien simple. Ennuyer le ministre et les Beaux-Arts, jusqu'à ce qu'on m'ait rendu justice.

Que ce soit M. Bourgeois qui quitte le premier la rue de Grenelle, ou M. Larroumet qui soit remercié, je profiterai de chaque changement pour soumettre au visa du nouveau fonctionnaire la pièce que vous venez d'entendre.

Je suis de taille à me défendre hardiment, j'ai bec et ongles, étant parfaitement indépendant et ne craignant ni le bruit, ni le scandale, puisque je n'ai pas de place à perdre; j'ai tout à gagner, au contraire, au bruit qui se fera autour de ma pièce.

Je me ferai ainsi une idée juste de la largeur de vues et de l'intelligence des fonctionnaires qui se succéderont.

Seulement, je m'y prendrai d'une façon différente.

De toute manière, ce sera amusant, et s'il surgit des incidents curieux, je me ferai un plaisir de vous en faire part.

Si ma petite histoire a eu le bonheur de ne pas trop vous ennuyer, j'aurai la joie de me retrouver ici en votre société.

Ce n'est pas moi qui serai le plus à plaindre.

II

A PROPOS

de

LA CASSEROLE

Conférence prononcée à Bruxelles

sur le Théâtre Molière

LE 12 MARS 1891

A PROPOS de la CASSEROLE

MESDAMES, MESSIEURS,

Vous avez devant vous, je ne fais aucune difficulté de l'avouer, un conférencier très embarrassé.

Bien que je n'aie pas une grande habitude de la parole, la timidité n'est pas mon principal défaut, et cependant je ne suis pas sans éprouver un peu d'émotion.

Et cette émotion, je l'ai ressentie déjà hier, en mettant pour la première fois de ma vie le pied sur le sol de la Belgique.

C'est que je dois beaucoup à la Belgique.

C'est à Bruxelles, chez un des vôtres, le vaillant éditeur Kistemaeckers qu'il y a dix ans je publiais mon premier livre : *La Chair*.

C'est ici, dans cette salle même, que le public belge a fait fête à ma première pièce : *En Famille*, dont un directeur des Beaux-Arts imbécile vient d'interdire à Paris la représentation publique. Ce fonctionnaire de la République française ferait bien de venir chercher ici des leçons de liberté et d'intelligence artistique.

Enfin, dernièrement, l'accueil que la presse et le public ont fait à *Monsieur Betsy* m'a bien vengé des injures qu'on a déversées sur moi à propos de cette pièce d'une immoralité si révoltante.

Et c'est encore un Belge, José Dupuis, qui m'a défendu, qui a mis à mon service son grand talent de comédien. Je suis heureux de le dire ici : Si, dès le premier soir, aux Variétés, *Monsieur Betsy* n'a pas sombré devant le parti-pris et l'hostilité d'une salle hypocrite et furieuse de voir ses propres vices étalés sans pitié, c'est au très brave et très grand artiste José Dupuis, votre compatriote, que je le dois !

La pièce, ou plutôt le tableau de mœurs populaires qu'on va représenter devant vous dans quelques instants, *La Casserole*,

m'a valu des éreintements qui resteront
légendaires dans ma carrière, nos critiques
les plus subtils n'ayant voulu voir qu'un
fait-divers banal dans une œuvre où j'ai la
prétention d'avoir montré moins des types
que des entités curieuses, pittoresques,
appartenant à un monde qu'aucun d'entre
eux du reste ne connaissait.

Et c'est encore le public belge, c'est
encore vous, mesdames et messieurs, devant
qui j'ai gagné déjà plusieurs procès, qui
êtes appelés à vous former en tribunal
d'appel pour juger ce nouveau cas dont les
considérants en première instance ont été
si sévères pour moi.

De là l'émotion dont je vous parlais tout
à l'heure, l'inquiétude de l'avocat, incertain
s'il gagnera sa cause, avec cette aggrava-
tion qu'en même temps qu'avocat je suis
dans ce procès partie principale.

Mais j'ai tant de confiance dans votre
sens artistique, dans ce jugement très sûr
dont vous m'avez donné tant de preuves,
que me voici déjà à moitié rassuré.

La Casserole est donc un tableau très violent, mais très exact, des bas-fonds parisiens.

Ai-je eu raison de porter à la scène ces mœurs d'une brutalité cynique avec toute la crudité qu'elles comportaient ?

On a prétendu que non, et on est parti de là pour m'échigner de la belle façon.

J'ouvre une parenthèse pour vous dire en passant que l'expérience m'a appris à ne jamais m'émouvoir d'aucune attaque, quelque violente qu'elle puisse être.

Je m'en réjouis au contraire, car elles constituent la meilleure des réclames. Personne depuis six ans n'a peut-être été aussi injurié que moi, et personne ne s'en est mieux trouvé...

Je ne veux, en l'espèce, donner à mes adversaires que cette excuse très simple.

J'ai écrit *La Casserole* parce que cela m'a convenu ; je traite les sujets qui me plaisent, le plus artistiquement qu'il m'est possible, et je ne me demande jamais d'avance ce qu'on en pourra penser.

Cela m'est égal.

Je me fie au jugement de mes lecteurs et de mes auditeurs, que je veux croire assez intelligents pour apprécier la somme de sincérité et de bonne foi que j'essaie d'apporter dans le développement de mes idées.

Si je me trompe, ou si j'ai affaire à des cerveaux étroits, à des âmes hypocrites, tant pis pour eux !

Je laisse dire et je passe outre.

Ceci posé, il me reste à dire ici comment j'ai été amené à observer de près les mœurs populaires, à m'intéresser particulièrement aux types de la rue et à leur consacrer mes études les plus importantes et les plus osées, en dépit de ce qu'on est convenu d'appeler « la morale ».

La plupart du temps, le romancier ou l'auteur dramatique qui veut rester un fidèle et impartial historien des mœurs, ne choisit pas son sujet.

Il regarde autour de lui, il étudie, prend des notes, rassemble des documents, et il suffit souvent d'un fait banal de la vie courante pour éveiller en lui une idée. Il suit alors le filon qu'il a découvert, établit des personnages, crée des types auxquels il donne, sous des noms supposés, le caractère, les habitudes, la forme pour ainsi dire des gens qu'il a coudoyés, observés et dont l'originalité l'a frappé.

C'est ainsi qu'il n'est pas le maître de son sujet, mais qu'il en est l'esclave.

Il ne lui reste ensuite qu'à chercher une trame qui lui permette de relier entre eux ces différents types et de les faire mouvoir dans une action commune et unique.

Or, si j'ai laissé à d'autres jusqu'ici le soin de disséquer les âmes bourgeoises, si je ne me suis presque jamais complu aux psychologies compliquées de gens comme il faut, où excellent les romanciers mondains, c'est que les hasards de la vie m'ont mis à même d'étudier de tout près le peuple, le bon aussi bien que le pire, et que j'ai reconnu tout de suite qu'aucune classe de la société n'est aussi intéressante et aussi peu connue.

Dernièrement, dans une conférence qu'il faisait à propos de mon dernier livre : *la Lutte pour l'Amour*, Francisque Sarcey, avec beaucoup d'esprit et la bienveillance à laquelle il m'a habitué, constatait que nul mieux que moi n'avait vu clair dans ces âmes rudimentaires; mais il m'engageait amicalement à abandonner cette voie, à chercher une nouvelle mine d'observations, ajoutant que j'avais épuisé là matière.

Les êtres que nous montre M. Méténier, déclarait-il, sont de véritables bêtes humaines, rebelles de par leur éducation et le milieu où ils vivent à toute civilisation. Tout tourne pour eux autour de la passion brutale qu'on appelle tout crûment le rut au Théâtre Libre, tout aboutit là, tout découle de là. Quand on a envisagé cette même idée sous ses différents points de vue, on a tout dit, et je défie qu'on trouve autre chose dans les études qu'on peut faire du bas peuple que ces deux dominantes : assouvissement de l'appétit sexuel et respect unique de la force brutale.

J'aurais mauvaise grâce de chercher noise à M. Sarcey, qui, à ces réserves près, m'a couvert de fleurs; mais il me permettra de lui dire qu'il se trompe.

Si, en effet, la plupart du temps, le rut, ainsi que selon lui cela s'appelle au Théâtre Libre, est le principal élément passionnel dans le peuple, cet élément se retrouve au même degré, sous le nom

d'amour, dans les théâtres les plus comme il
faut.

Pour ne citer qu'un exemple, on pourrait
résumer en une ligne la donnée du chef-
d'œuvre du genre pompier : *le Maître de
Forges* :

L'héroïne couchera-t-elle ou ne cou-
chera-t elle pas avec son mari?

Et encore le développement de cette idée
est-il présenté d'une façon infiniment plus
dangereuse et moins pittoresque, attendu
que d'un bout à l'autre les caractères des
personnages sont faux.

Moi, j'ai au moins le mérite de la vérité.

Quant au respect de la force, il existe
dans toutes les classes de la société au
même degré, et c'est généralement la force
qui fait loi partout, avec cette nuance que
dans le monde que je dépeins, elle se mani-
feste d'une façon plus brutale et plus immé-
diate.

M. Sarcey me reprochait ensuite de ne
pas transposer en langage poli des passages
qui rendent la lecture publique difficile, et
même impossible, pour les oreilles chastes.

Mon Dieu ! à quoi bon cette hypocrisie?

Si je choisis — comme c'est mon droit et mon bon plaisir — mes héros parmi les filles et les souteneurs, je ne puis cependant pas les faire parler en académiciens.

Je ne trompe personne. Mon livre coûte trois francs cinquante centimes, un fauteuil d'orchestre six ou sept francs, et l'acheteur qui prend le livre, le spectateur qui paie sa place parce qu'il voit mon nom sur l'affiche, sait parfaitement à quoi s'en tenir. Ni le théâtre ni le livre ne sont obligatoires.

Vous mêmes, mesdames et messieurs, qui m'avez fait l'honneur de venir aujourd'hui entendre *La Casserole*, trouveriez mauvais que mes personnages ne parlassent pas le langage de leur condition. Je suis persuadé que vous étiez fixés d'avance sur ce que vous allez entendre, qu'aucune audace ne vous étonnera et que vous seriez désolés si j'avais, par crainte, opéré les transpositions que réclame M. Sarcey.

Il y a un public — et vous en êtes la preuve — pour toutes les manifestations artistiques, et ce serait vous faire une injure gratuite et que vous ne méritez pas que de vous supposer moins intelligent que le

Larroumet de chez nous, ce directeur des Beaux-Arts français qui, lui, n'admet que le genre noble.

*
* *

Comment m'est venue ma prédilection, je ne dirai pas pour le peuple, mais pour cette partie du peuple qu'on est convenu d'appeler les voyous ?

Tout au début de ma vie littéraire, le souci de l'existence matérielle me força de prendre une carrière, et j'en choisis une qui devait me mettre à la source de tous les documents, qui devait être pour moi une mine inépuisable d'observations.

Je devins secrétaire de commissaire de police.

Cette carrière, par laquelle est passé un homme auquel je garde une profonde reconnaissance, Philippe Gille, l'auteur des *Charbonniers*, une comédie qui se joua dans son bureau avant de se jouer sur la scène des Variétés, on sait avec quel succès, devrait être l'école de tous les jeunes gens qui se destinent à la littérature.

En cinq ans, j'ai traversé trente-quatre quartiers, soit comme secrétaire suppléant,

détaché partout où mon concours était jugé
nécessaire par l'administration, soit comme
secrétaire titulaire, et j'ai acquis là une
expérience de la vie que vingt ans d'existence indépendante ne m'auraient certainement pas donnée.

C'est une grave erreur de croire qu'on
n'a affaire dans les commissariats qu'à la
lie de la société, qu'à des malfaiteurs
arrêtés pour un délit quelconque. Certes,
on est à même de voir de près toutes les
variétés de coquins, mais il arrive fréquem-
ment que des jours s'écoulent sans qu'une
arrestation soit opérée dans un quartier, et
cependant dans le bureau ne cesse de
défiler une foule de gens qui viennent
consulter le commissaire ou son secrétaire,
lui faire leurs petites confidences, lui demander aide, conseil ou protection.

A Paris, et plus spécialement dans les
quartiers populaires, le commissaire, le
quart d'œil comme on l'appelle, est l'arbitre
suprême de toutes les contestations, le juge
naturel de tous les différends, même les
plus intimes. On ne remue pas une paille
qu'il n'en soit averti.

La femme vient y raconter en pleurant que son mari a découché, le mari qu'il soupçonne sa femme; la maîtresse vient s'y plaindre d'avoir été abandonnée par son amant. A chacun le commissaire donne une consolation, un bon conseil, et que de drames sanglants, son intervention n'a-t-elle pas souvent évités!

Que de comédies amusantes aussi ne se sont-elles pas nouées et dénouées dans son bureau!

En outre, le commissaire possède des moyens d'information qui le renseignent à l'occasion sur la vie privée, la moralité de chacun de ses administrés, et au bout de quelques années de séjour dans un quartier, il sait exactement à quoi s'en tenir sur le compte de tous les habitants, j'entends de ceux qui n'appartiennent pas à la population flottante.

Aussi, que de secrets de famille dont il est le dépositaire! Que de hontes ignorées dont il est le confident! Mais comme le confesseur, le commissaire oublie tout sur le seuil de son cabinet.

Il m'arrive encore maintenant d'être salué

très bas par des gens dont je ne veux pas même me rappeler le nom, qui jouissent dans leurs quartiers d'une grande considération, mais dont j'ai su, par état, les gredineries cachées.

Il n'y a plus qu'eux qui s'en souviennent.

C'est ainsi que je me suis formé cette opinion que de même qu'il n'y a pas de dévouement absolu, il n'y a pas d'honnêteté absolue... Je dirai plus : au sens strict du mot, la vertu est un mythe, et voilà pourquoi nos livres paraissent amers..., parce qu'ils sont vrais.

J'ai donc été à même, par mes fonctions, d'établir une comparaison entre la moralité des gens du monde et celle des gens du peuple, puisqu'après avoir été successivement secrétaire dans le quartier de l'Opéra, aux Champs-Elysées, voire dans le noble faubourg, j'ai terminé ma carrière administrative dans les quartiers de la Roquette et de la Chapelle.

J'ai le regret de l'avouer, l'avantage, dans mon esprit, ne reste pas au beau monde.

Le vice y est moins apparent, mais il y

est plus fréquent et moins pardonnable, parce qu'il y est conscient.

On commet au fond des appartements dorés, sur le boulevard, les mêmes infamies qu'au fond des hôtels garnis, ou à la place Maubert, mais on les cache soigneusement.

Afin de donner le change, on affecte la pruderie, l'indignation pour des actes qu'on a peut-être commis la veille, sachant parfaitement qu'on faisait mal, et contre laquelle l'instruction et l'éducation auraient dû mettre en garde.

—·Pas vu, pas pris ! dit le peuple quand il commet un méfait.

— Pas vu, pas coupable ! répondent le banquier qui dépose son bilan en garant son actif et la femme qui trompe son mari.

Lorsque, l'hiver dernier, mon collaborateur Paul Alexis et moi avons donné aux Variétés *Monsieur Betsy*, cette pièce qui nous valut une si rude volée de bois vert – vous nous avez, du reste, bien vengés — une dame, dont le mari appartient au monde de la finance, manifestait à haute voix, du fond de la première loge qu'elle occupait, la plus vive indignation.

— On n'avait jamais vu une ordure sem-
blable... C'était simplement répugnant...
Encore si cela avait le mérite d'être vrai !

Mais voici qu'entre le deux et le trois, le
regard de cette vertueuse personne ren-
contra, comme par hasard, celui d'un
monsieur en habit, également fort connu...
qui se trouvait aux premiers rangs de
l'orchestre. Elle se retourna vers son mari,
debout derrière elle... lui dit quelques
mots à l'oreille... Le mari prit son pardes-
sus, sortit, et on ne le revit plus .. de la
soirée...

Quand le rideau se leva sur le troisième
acte, le monsieur d'en bas avait remplacé
le mari derrière elle, et c'est à son bras
qu'elle sortit...

Or, la liaison de cette personne dure
depuis longtemps; qui plus est, elle est
tolérée et publique... On pourra dire tout
ce que l'on voudra, jamais on ne fera croire
que l'indignation de cette dame qui venait
de donner·la comédie dans la salle et de
jouer elle-même une scène de *Monsieur
Betsy*, était sincère.

J'aime mieux croire pour elle que, s'étant

reconnue, elle avait été piquée au vif par
la satire de ses propres mœurs.

Je sais bien que l'humanité, à tous les
degrés de l'échelle sociale, est sujette aux
mêmes faiblesses ; mais je m'insurge contre
l'hypocrisie des uns, à laquelle je n'hésite
pas à préférer l'inconscience et la belle
franchise des autres.

*
* *

Les gens du peuple, et même du bas
peuple, ne sont pas plus mauvais que le
commun des mortels Ils sont calomniés
par ceux qui ne les connaissent pas.

Je me souviens qu'à mes débuts, j'arrivai
rempli à leur égard d'abominables pré-
ventions. Je fus bien vite converti et l'étude
que je fis des milieux populaires fut pour
moi une révélation.

Je ne viens pas dire qu'il n'y ait pas
parmi eux d'affreux bandits ; au contraire,
ceux qui se mêlent d'être mauvais sont
formidables, pour cette raison, que n'ayant
jamais reçu aucune instruction, aucune
éducation, ils ignorent la plupart du temps
la notion du bien et du mal et suivent
leurs instincts bons ou mauvais.

Ils deviennent des ouvriers, honnêtes à
leur manière, sans préjugés ni scrupules,
mais incapables de faire du tort à leur
prochain, ou des coquins qui ne reculent
devant aucun crime.

Mais ce qui subsiste toujours chez eux,
même chez les pires, et c'est en cela que
consiste leur supériorité sur leurs semblables des hautes classes, ce sont certaines
vertus naturelles trop peu en honneur chez
les êtres civilisés. Pas une de ces bêtes
humaines chez qui on ne retrouve, à un
degré qu'on ne saurait imaginer, le courage
indomptable poussé jusqu'à la férocité, le
point d'honneur, le respect de la foi jurée,
l'amitié dévouée jusqu'à la mort, la mémoire
des bienfaits, la reconnaissance, etc.

Je me rappelle toujours avec plaisir mes
années de commissariat, mais c'est du
temps passé dans les quartiers populeux, et
notamment dans le quartier de la Roquette,
que j'ai gardé le souvenir le plus agréable.

Le quartier de la Roquette a quatre-
vingt-cinq mille habitants, quand les autres
n'en ont en moyenne que trente-cinq ou
quarante mille, et il passe à juste titre pour

le plus dangereux et le plus mal habité.

Il est à mon avis le plus facile à mener, quand on sait s'y prendre. Il suffit de savoir être doux, pitoyable, accessible à tous, et en même temps énergique.

Je m'étais donné pour règle de conduite d'être très dur pour quiconque me résistait et indulgent pour ceux qui manifestaient le moindre repentir de la faute commise; aussi, au bout de deux ans de séjour, j'avais su me concilier l'estime, je dirai presque l'affection de la plupart de nos habitués.

Que de fois un inculpé n'a-t-il pas posé cette question au gardien qui le conduisait au commissariat :

— Le petit secrétaire est-il de service? Pourvu que j'aie affaire au petit secrétaire! Il paraît que c'est un si bon garçon.

Contrairement au règlement qui veut que les inculpés soient toujours flanqués d'un agent, je préférais, quelque danger qu'il pût en résulter, interroger seul à seul chaque individu qu'on m'amenait. Et il suffisait la plupart du temps de cette marque de confiance, d'une parole douce, d'une cigarette offerte, pour obtenir d'eux ce que je voulais savoir.

Et quand je les avais interrogés, comme c'était mon devoir, je leur parlais familièrement, je provoquais leurs confidences; et sans crainte, sachant très bien que je n'abuserais pas de leur confession, ils me racontaient leur vie, dans le plus pur argot, qu'à leur grand étonnement je parlais du reste aussi bien qu'eux.

Et c'était toujours la même éternelle histoire : une enfance pas surveillée, l'apprentissage au pair chez un patron brutal, le manque d'ouvrage en hiver, la rencontre d'anciens camarades d'atelier, qui, eux, ont trouvé le moyen de vivre sans rien faire. Comme il fait faim tous les jours, on les imite, et quand revient la belle saison, on a pris des habitudes dont on ne se défait plus. Ils ne sont pas mauvais, ni vicieux; ils le deviennent pas nécessité.

La condition des filles est encore pire. J'ai interrogé plus de deux mille de ces malheureuses. Il faut entendre de quel ton elles répondent à la question sacramentelle :

— Quels sont vos moyens d'existence?

— Je fais la noce !

Elles font la noce.. Et elles ont aux pieds des souliers troués, et elles vous demandent, avant de sortir de votre cabinet :

— Il n'y aurait pas moyen d'avoir pour deux sous de pain?

Elles se divisent en deux grandes catégories : celles qui sont nées à Paris, et les provinciales ou les étrangères.

Celles qui viennent de province ont quitté généralement leur pays pour servir comme bonnes d'enfant, nourrices ou femmes de chambre, ou pour suivre un amant. L'amant les a plantées là, ou elles ont perdu leur place... Elles ont fait comme leurs camarades qu'elles rencontraient bien habillées et dont le semblant de luxe les a éblouies.

Les autres sont nées au faubourg ; elles se sont élevées, ont grandi dans le logement étroit ou la chambre garnie de leurs parents, pêle-mêle avec leurs frères et sœurs, les enfants des voisins.

A dix ans, elles savaient tout; l'atelier a fait le reste. A quatorze elles disent « mon amant » en parlant du petit de la fruitière,

un galopin de quinze ans. Ce n'est pas du
vice ; elles accomplissent une fonction naturelle ; on ne s'est jamais gêné devant elles.
Elles font ce qu'elles voient faire à leurs
aînés. L'inceste, bien loin de leur apparaître
comme une monstruosité, est fréquent à ce
point que les cinq dixièmes des filles publiques nées à Paris ont eu pour premier
amant un frère, parfois leur père.

Et elles vous racontent ces choses d'un
ton uni, très tranquille, sans se douter
qu'elles disent une énormité.

Si on leur reproche d'avoir un amant de
cœur, elles vous répondent :

— On ne peut pas vivre seule dans la vie,
il faut bien avoir quelqu'un à aimer.

Et c'est avec joie qu'elles donnent leur
argent à celui qu'elles ont choisi. Elles sont
par exemple d'une jalousie féroce ; mais de
leur côté, les amants ne toléreraient pas
une infidélité gratuite.

L'autre, celle qui se paie, ne compte pas.

Beaucoup d'entre elles ont une probité
particulière. J'ai entendu, non pas une fois,
mais mille fois cette phrase :

— Vous pouvez aller aux renseigne-

ments, monsieur, je suis une honnête fille
et tout le monde m'estime dans le quartier...
Je n'ai jamais dégringolé personne !

Et par une absence de sens moral effrayante,
elles en arrivent à considérer leur état
comme une profession parfaitement normale, mais qui a ses risques comme les
autres. J'en ai vu très souvent qui, loin de
s'indigner d'avoir été arrêtées par les agents,
s'étonnaient d'avoir pu rester un mois sans
« *descendre à la Préfecture* ».

— Voyons ! un mois que je n'ai pas été
emballée ! Franchement, c'était bien mon
tour !

Et qu'on ne dise pas que je prends pour
exemples des cas isolés, que je ne cite qu'une
variété de types populaires, la plus basse.
Pas du tout ! Dans le peuple, c'est partout
la même inconscience, à des degrés différents. L'ouvrier qui travaille régulièrement
préfère le concubinage au mariage, lequel
n'est qu'une source d'embarras « dans le
cas où on ne se conviendrait pas », en
même temps qu'une occasion de dépense ;
il ne craint pas de boire un verre avec

l'amant de sa fille, qu'il appelle son gendre;
il le reçoit chez lui.

La seule honnêteté reconnue, c'est l'honnêteté naturelle, celle qui consiste à ne pas
voler, à ne pas prendre le bien d'autrui.

Ceux ou celles qui tournent mal, sont, à
mon sens, comme je le disais tout à l'heure,
infiniment moins coupables que les criminels du grand monde, car ils n'ont eu pour
les retenir ni l'exemple, ni l'excuse d'une
vie aisée.

Aussi, je ne sais pas jusqu'à quel point il
nous est permis, à nous, de jeter la pierre
à des malheureux parce qu'ils se plaignent
de l'injustice suprême qui condamne les uns
à avoir faim tous les jours, alors que les
riches, les braiseux de naissance, peuvent
vivre sans être forcés de truquer.

Ces gonc's là, c'en a t'i de la chance,

a dit le chansonnier populaire Bruant, leur
plus admirable interprète ;

Ça mange et ça boit tous les jours !

Je ne me sens pas la force d'en vouloir à

ces pauvres parias d'une société marâtre,
parce qu'ils restent, voués de par leur ori-
gine et leur éducation, à une existence que
les moralistes qualifient d'inavouable !

De quel droit, inavouable ? Donnez-leur
le moyen de vivre autrement.

Je les plaignais; depuis que je les ai vus,
que j'ai vécu au milieu d'eux, je les excuse
et je n'éprouve plus pour eux qu'une
immense pitié... Je les aime même !

Il est de par le monde pas mal de bourgeois qui feraient pire, s'ils étaient à leur
place.

Eux, la société les traite en ennemis ; ils
lui rendent la pareille, et à l'heure où ils
commettent un crime , ils croient se
défendre... simplement, et ils sont sin-
cères.

*
* *

Vous jugez, mesdames et messieurs,
quelle abondante récolte de notes, de documents, d'observations, j'ai pu faire, d'autant
plus que, intéressé au suprême degré par
ces mœurs qui n'ont jamais été vues de si
près je ne me contentais pas des occasions
que me fournissaient mes fonctions.

Après avoir vu tout ce qu'il m'était possible de voir en tant que secrétaire, après avoir assisté à toutes les expéditions qui sont du ressort de la police et qui sont toujours si pleines d'imprévu et de pittoresque, arrestations, rafles, constatations d'adultères, réveil des condamnés à mort dans leurs cellules, après avoir constaté toutes les variétés de crimes, depuis le meurtre passionnel jusqu'à l'assassinat, toutes les variétés de suicides, dans les conditions et les circonstances les plus invraisemblables, j'ai voulu vivre par moi-même de la vie de ces êtres si curieux et si intéressants.

J'ai fréquenté pour mon plaisir et mon instruction personnelle tous les lieux où l'on coudoie le peuple, depuis l'assommoir bien fréquenté où l'ouvrier godailleur vient boire sa paie le samedi, jusqu'à l'arrière-salle enfumée et à double issue des mastroquets louches où les escarpes se partagent leur butin, à l'abri de tout regard indiscret.

Partout, je rencontrais des figures de connaissance et jamais, je dois le dire, je n'ai été l'objet même d'une menace. On savait que j'étais là, non par métier, mais par plaisir. Loin de se défier de moi, on profitait de ma présence pour me consulter, me demander conseil.

— Ah ! si toutes les rousses vous ressemblaient, on serait bien plus heureux ! soupirait un jour un de mes anciens clients.

— Dites donc, me dit une autre fois une grande femme dont une lie de vin coupait la figure en deux, vous savez, il va bien !

— Qui donc ?

— Vous savez bien... mon amant, le petit Midy, qui est à la Nouvelle... Il se conduit parfaitement... Je lui envoie des timbres... il n'a pas le droit de recevoir de l'argent... Comment qu'il faudrait faire pour aller le retrouver là-bas ? A qui dois-je m'adresser ? Au besoin, je paierais la moitié du voyage... Vous seriez bien gentil de me faire la lettre !

Et j'écrivis la lettre, sur un coin de table graisseux.

Il s'agissait de Midy, l'un des assassins de Mme Ballerich.

J'ai beaucoup connu Gamahut, qui était un garçon fort doux, infiniment moins coupable que ses complices. Il était d'une force herculéenne et faisait les poids au Château-Rouge. Il était parti pour voler et il n'a tué que dans un moment d'affolement, parce qu'il avait été surpris.

Je l'ai vu mourir ; il s'est montré très brave.

*
* *

La plupart de mes livres ou de mes nouvelles ont pour point de départ ou pour sujet des histoires où j'ai été mêlé.

Il devait donc me venir la tentation de mettre à la scène quelques épisodes de la vie des voyous. J'avais traité en comédie un sujet gai dans *En Famille* ; je voulus lui donner un pendant en composant un drame, et j'écrivis *La Casserole*.

Je m'appliquai à faire entrer dans le cadre étroit d'un acte toutes les variétés d'habitués de bouges, en grossissant un peu plus leurs façons d'être, afin de les rendre plus sensibles dans cette action qui ne devait durer qu'une demi-heure.

Je restituai une aventure dont j'avais conduit l'enquête : — Un souteneur tuant une femme qui avait dénoncé à la police son ami à lui... son ami — comment dirai-je pour être convenable?—son ami de cœur si voulez,et l'avait fait condamner aux travaux forcés.

De là le titre *La Gasserole*,qui signifie en argot: mouchard, ou dénonciateur.

J'avais groupé autour de la figure centrale d'autres figures secondaires, mais personnifiant toutes les vertus et les vices de ce monde-là à leur plus haut degré.

Ainsi la femme soumise jusqu'à la mort à son amant qui la frappe et abuse d'elle, mais jalouse férocement.

La fille qui met plus haut que son honneur... le point d'honneur.

Le marloù formidable à côté du petit barbizet sans expérience qui ne demande qu'à se dessaler.

La vieille truqueuse alcoolique depuis trente ans en carte.

Le vieil ivrogne qui s'égare dans un bouge un jour de rigolade.

Enfin l'artiste habituel des tapis-francs, l'hercule qui y fait des poids à demeure et qui vit de la maigre recette qu'il y récolte.

Je croyais enfin avoir synthétisé complètement en aussi peu de scènes que possible un coin de la vie réelle des escarpes.

La chose avait été bien lancée; la curiosité était vivement excitée. C'était le dernier spectacle que donnait le Théâtre Libre en mai 1889, pendant l'Exposition.

Antoine avait bien fait les choses. L'interprétation et la mise en scène étaient admirables.

Un de mes amis les plus dévoués, M. Léo Will, un des hommes les plus forts de Paris et qui casse à volonté des pièces de deux sous avec ses dents, s'était fait acteur pour la circonstance et il avait accepté le rôle de l'hercule des bouges.

Il a bien voulu venir à Bruxelles reprendre son rôle et vous le verrez tout à l'heure jongler avec des poids dont il vous sera loisible de vérifier après le spectacle l'authenticité. Du reste, vous serez fixés quand vous l'aurez vu opérer.

Enfin, nous avions poussé la conscience jusqu'à recruter nos figurants parmi les professionnels. Pas un qui eût moins de huit condamnations. Tous nature. Le dessus

du panier du Tout-Grenelle! Jamais mise
en scène ne fut plus amusante à établir.

Antoine, par un post-scriptum à son programme, avait prévenu les personnes pu-
diques qu'elles feraient bien de se retirer
après la première pièce.

La Casserole fut donnée à minuit et demi
devant une salle tellement bondée qu'on
avait dû laisser ouvertes les portes des
ouvreuses et qu'il y avait des spectateurs
se haussant sur la pointe des pieds jusque
dans les couloirs.

Les places faisaient prime et une épingle
jetée du plafond ne fût pas arrivée à
terre.

L'effet fut immense et la toile tomba à
une heure du matin au milieu des applau-
dissèments. C'était un succès de représentation; on s'était amusé, on avait ri quand
il fallait rire; on avait tout accepté parce
que les personnages que nous avions pré-
sentés étaient bien en chair et en os, que du
vrai sang coulait dans leurs veines et
qu'enfin ils exprimaient bien leurs passions
vraies dans le langage de leur condition.

Le lendemain, dans la presse, ce fut non

pas un éreintement, mais une véritable exécution, une exécution qui témoignait bien de l'affolement et du trouble dans lequel ma pièce avait jeté les esprits.

On n'en avait retenu que les violences, et on n'avait voulu voir là qu'un fait-divers banal; mais l'un trouvait qu'il était encore plus ignoble que tout ce que l'on avait pu rêver, l'autre que je n'avais pas donné en brutalité tout ce qu'on était en droit d'attendre de moi.

— Il n'y a là, en somme, disait celui-là, que des mots que nous-mêmes prononçons plusieurs fois par jour.

Seul, le critique du *Gaulois* trouva que ce scenario ultra-réaliste rappelait par plus d'un point les sujets traités par les grands tragiques, Eschyle, Sophocle ou Corneille— à la qualité des personnages près — et qu'on retrouvait chez mes héros toutes les vertus dont se parent et s'honorent les protagonistes des grands drames classiques.

Lui seul avait compris quelque chose à mon drame.

Je ne fus pas le moins du monde peiné, comme vous le pensez, de cet accueil auquel

je m'attendais, étant fixé depuis longtemps
sur la compétence et la bonne foi de la
critique française; mais si j'en avais eu
besoin, j'aurais trouvé une consolation dans
deux témoignages que je vous demande la
permission de rapporter.

Une aimable et déjà mûre artiste de la
Comédie Française, qui était sortie fort
indignée de la représentation et qui n'a pas
l'avantage de me connaître, disait le lendemain à une de ses amies :

— Cette pièce est répugnante, mais c'est
tellement ça que pour l'avoir écrite l'auteur
doit être un véritable...

Ici un mot qui pour l'oreille rime avec
escroc.

C'était certainement le plus beau compliment que cette dame pût m'adresser. Sans
doute qu'elle s'y connaissait.

L'autre témoignage émane d'un homme
de la partie.

A l'une des dernières répétitions un de
mes figurants, orné d'ailleurs de plusieurs
condamnations pour coups et blessures,
attira dans un coin de la scène M. Will,
l'athlète de *La Casserole*, et lui dit :

— C'est épatant c'te pièce ; j'ai jamais vu ça, j'en suis bobêche ! On se croirait là-bas, à Grenelle. C'est comme ça qu'on est tous, y a pas à dire, nous autres, les hommes !

Homme dans le sens *d'homme d'honneur*, car mon figurant peut s'appliquer, avec une variante, la déclaration des principes d'une de mes héroïnes :

« Maq... (pardon!) souteneur, tant qu'on voudra, mais pas voleur ! Il se fait gloire de n'avoir pas une condamnation pour vol. Qui l'appellerait voleur passerait un vilain moment ! »

Si j'étais critique, moi, je serais vexé qu'un pauvre bougre ait vu dans une pièce ce que je n'y aurais su trouver.

Et remarquez que mon figurant est *un public*, d'où il faut conclure que le seul critique qui sache rendre justice, et qui n'ait pas de parti pris, c'est le public qui sent. Tout le reste ne compte pas.

*
* *

J'abuse de votre patience en dépassant les limites raisonnables d'une causerie; per-

mettez-moi, mesdames et messieurs, de me
résumer.

J'ai écrit ma pièce avec sincérité, ne
reculant devant aucune expression, aucun
détail de mœurs quelque répugnant qu'il
pût être, parce que j'ai voulu donner l'impression de la vérité.

A ceux qui prétendent que j'ai voulu faire
œuvre de scandale et que d'ailleurs ces
mœurs brutales n'intéressent personne, je
répondrai :

— Ceci est une opinion, attendu qu'elles
m'intéressent, moi, et qu'au besoin cela
suffit... Mais le public en venant et en
m'applaudissant m'a bien prouvé que cela
l'intéressait aussi.

Aux vertus qui protestent au nom de la
morale, je répondrai au contraire que ma
pièce est chaste en dépit des violences
qu'elle contient. Elle dénonce une plaie
sociale et ne donne à personne l'envie
d'imiter mes héros.

A ce propos je demande la permission de
citer ici quelques phrases d'un des plus
distingués critiques de cette ville, M. Georges
Rénory, qui dans un compte rendu très

juste de *Monsieur Betsy* écrivait dernièrement :

« La seule pièce ou le seul roman immoral (*j'ajoute, moi, s'il pouvait y en avoir un*), serait la pièce ou le roman qui, doucement, modérément, avec des élégances bourgeoises, des caresses de langage, entraînerait le lecteur ou le spectateur en dehors des conventions de mœurs, jugées à tort ou à raison, nécessaires par la grande masse pour le maintien de l'ordre établi. »

Et notez que, moi, je ne condamne pas même celui-là, l'écrivain étant maître de traiter son sujet au point de vue particulier qui lui convient ou qu'il croit le plus propre à intéresser.

Après tout, la morale n'est qu'une convention relative, modifiable selon les climats, les époques, les latitudes.

Chez nous, à Paris, chaque classe de la société a sa morale particulière.

« Or, dans *Monsieur Betsy*, continue M. Renory, on nous offre le spectacle d'une morale différente de celle dans laquelle nous vivons et

ayant force de loi dans un monde spécial.
Nous trouvons cela curieux, parce que cela
nous paraît insolite ; mais je vous défie bien
de découvrir dans tout ceci l'ombre d'un pro-
sélytisme conscient ou inconscient. »

Nous avons, vous et moi, des notions
apprises, des penchants ataviques, des opinions conventionnelles qui sont une autre
morale, voilà tout. Sommes-nous bien sûrs
d'être dans le vrai?

Mais sans vouloir pousser plus loin la discussion, pourquoi le roman, pourquoi le
théâtre s'arrêteraient-ils devant certains êtres,
qui sont, qui ont le droit d'être et qui au contraire font très salutairement réfléchir, parce
qu'ils pensent autrement que nous ?

Je n'admets pas plus la critique des tendances d'un roman que la critique des
tendances d'une pièce.

Comme je l'ai dit tout à l'heure, ni le
livre, ni le théâtre ne sont obligatoires.

Le titre du livre ou de la pièce, le nom
de l'auteur, — la presse, si ce nom m'était
inconnu, — me renseignent suffisamment.

Vous n'avez pas le droit de m'empêcher
d'acheter ce livre, ni d'aller voir cette pièce,

parce que tous deux sont contraires à votre morale à vous.

Si l'autre me plaît davantage, c'est mon affaire.

Faites comme moi : quand on joue *Le Maître de Forges*, restez chez vous, abstenez-vous !.. Mais n'entravez pas ma liberté et ne m'empêchez pas d'aller entendre *La Casserole*.

La critique, en France, ne veut pas comprendre cela.

Ici, mesdames et messieurs, l'habitude de la liberté vous fait juger toutes choses sainement, largement, sans parti-pris, avec une hauteur de vues inconnue chez nous.

Voilà pourquoi je vous soumets mon œuvre avec confiance.

Votre accueil me dira tout à l'heure si j'ai eu raison ou tort de l'écrire; mais j'ai si grande foi dans votre jugement que je serai le premier, si *La Casserole* n'a pas le bonheur de vous plaire, à déclarer en toute sincérité que c'était évidemment moi qui m'étais trompé.

LA CASSEROLE

JUGÉE

par

LA PRESSE

LA CASSEROLE

JUGÉE

par la

PRESSE FRANÇAISE

La représentation se terminait par une pièce en un acte, en prose, de M. Oscar Meténier, *l a Casserole*.

Voici de quelle .... précaution oratoire on avait cru devoir faire précéder cet acte ; les programmes portaient la mention suivante :

AVIS IMPORTANT. — *Le large eclectisme qui a fait représenter tour a tour avec un égal respect de toutes les écoles litteraires des œuvres très diverses, la* NUIT BERGAMASQUE *comme* EN FAMILLE, *et la* FIN DE LUCIE PELLEGRIN *comme* LE BAISER, *amène le théatre libre a jouer cette fois* LA CASSEROLE, *œuvre d'un realisme tres violent, qui met en scène un cruel tableau des bas-fonds parisiens.*

PRESSE BELGE

. . . .

La conférence de M. Meténier a été des plus intéressantes, et il n'a pas eu de peine à se rallier les sympathies de son auditoire.

C'est un je m'enfichiste narquois, un philosophe sincère. Il a occupé pendant plusieurs années les fonctions de secrétaire de commissaire de police dans les différents quartiers de Paris, ce qui lui a permis de voir la vie de très près et d'arriver à cette conclusion : La vertu est un mythe.

. . . .

Cette conférence a obtenu le plus vif succès, et l'auteur dramatique n'a pas eu moins de bravos que n'en avait obtenu le conférencier.

. . . .

La Casserole *terminera le spectacle*.

Cela met en méfiance. n'est-ce-pas ? Ou du moins cela presage des audaces énormes.

Eh bien, c'est pis que tout ce qu'on pouvait rêver !

Nous nous refusons à raconter de telles choses a nos lecteurs. M. Méténier ne devrait pas, lui qui a du talent, ecrire de telles pièces, car il risquerait de réhabiliter ceux qui ont sottement troublé la représentation de l'œuvre d'Ostrovsky, *l'Orage*.

Je ne parlerai pas davantage des interpretes. Le silence en ce cas est la meilleure des leçons. (*Paris*)

. . . .

Notre lettre d'invitation nous prévient que *l a Casserole* est « une œuvre d'un réalisme violent ». Pas si violent que cela peut-être. On y dit bien deux ou trois mots qu'il n'était pas jusqu'a present d'usage de dire en public. Mais, ces mots, les hommes les mieux elevés les disent volontiers plusieurs fois par jour, si l'occasion s'en trouve. A cause de cela, il se pourrait qu'ils n'eussent pas un sens très intéressant.

(*Gil Blas*)

La Casserole — ce qui veut dire, en argot, une femme qui moucharde pour la police — nous montre des souteneurs s'occupant de leurs petites affaires dans un cabaret borgne. La Grande Carcasse, c'est ainsi qu'on nomme la Casserole, a jadis denoncé un ami du Merlan a la police.

Résultat : Dix ans de travaux forcés.

Le Merlan, qui aimait tendrement son ami, a juré de se venger de la Carcasse. Le hasard la lui fait rencontrer au cabaret en compagnie du pere Chabot. Celui-ci a été volé dans le bouge, et la Carcasse, qui est bonne fille, réclame l'argent du vieux ; sinon, elle dénoncera les assistants a la police. Le Merlan, qui brûle du désir d'aller retrouver son ami a la Nouvelle, plonge un couteau dans la poitrine de la Carcasse et se fait arrêter.

La pièce est curieuse, intéressante et parfois émouvante, et ces scenes de mœurs bizarres ont vivement intéressé le public, qui a rappelé à grands cris tous les artistes et l'auteur. (*La Chronique*)

Entre le vaudeville et le drame l'auteur de *La Chair* et de *Monsieur Betsy* nous a fait

Pour *La Casserole* de M. Oscar Metenier, nous aimons mieux la passer sous silence. Ce sont mœurs hideuses à voir et aventures qui ne sauraient se raconter dans une langue honnête.

(*La Lanterne*)

La Casserole n'est qu'une vulgaire insanité.

La scène se passe dans un bal de barrière et nous nous dispenserons de la raconter ici.

Si M Méténier croit faire de l'art nouveau, il se trompe; du nouveau, peut-être, car on n'a encore rien vu de si sale; mais de l'art, ça, jamais.

C'est tout au plus un fait-divers, tel qu'on le lit dans les journaux, avec les gros mots en plus.

D'intérêt point, de piece non plus.

Rolande n'etait pourtant pas d'un langage fleuri, mais au moins il y avait quelque chose, une intrigue, des situations, tandis que là, rien!

Félicitons les artistes qui ont eu le courage de bien jouer une pareille ordure.

(*L'Autorité*)

une conférence sur *les voyous dans la littérature*.

Un bruyant succes que cette conférence-causerie dans laquelle M. Oscar Méténier a parlé surtout de ses livres, de son théâtre, mettant de la crânerie et peut-être un peu trop de coquetterie à exposer la synthèse de *La Casserole*, à dire comment il fut amené à étudier les types populaires qui sont les héros de sa littérature.

. . . .

Après cette causerie on a ecouté religieusement la pièce. Et l'on a été empoigné, serre à la gorge par une émotion douloureuse devant le dénouement éclaboussé de sang de ce tableau de mœurs violent où vibre de la passion. (*L'Independance Belge*)

. . . .

Quant à la conférence de M. Metenier, c'est un petit chef-d'œuvre d'impertinence délurée et elle a été acclamée.

. . . .

Meténier, tel qu'il nous est apparu hier, est un petit homme vif, à l'œil tres noir, au sang tres chaud, le petit tapin de la vérité dans l'art. Avec un sourire entre cuir et chair d'une insolence charmante, il est venu expli-

. . . .

La Casserole, disait le programme, terminera le spectacle. — C'etait prévenir les dames qu'elles ne seraient pas obligées de subir la chose Si la pudeur leur en faisait un devoir, elles pourraient s en aller. Inutile de dire qu'elles sont restées fermes au poste. Beaucoup d'entre elles n'étaient venues que pour cela, de même qu'on ne va au feu d'artifice que pour voir le bouquet.

. . . .

L'éclectisme est une belle chose; mais le mien ne va pas jusqu'a goûter l'œuvre de M. Méténier. Cela n'est ni beau, ni propre, ni même intéressant. (*Le Voltaire*)

Je ne dirai rien de *La Casserole* C'est une chose dont ce n'est pas le lieu ici de parler. Je me demande même en quel lieu on en peut parler (*Le Soleil*)

. . . .

On dit dans cette piece tous les gros mots possibles.... Cela excite un certain public. Pour moi, pas de caractères, pas d'analyse de passion, pas de drame... Il ne reste qu'une curiosité

quer son âme au public en affirmant que son âme lui plaisait beaucoup, a lui Méténier, telle quelle; qu'on pouvait la discuter si l'on voulait, mais que pour lui il s'en souciait comme de ça. Au demeurant, cette âme est simple, droite et aimable a voir. Elle est éprise de sincérité, elle hait les hypocrites fadaises dont nous sommes tant écœurés et elle se laisse aller avec une facilité naivement crâne aux indignations qui servent le faible et le déshérité contre le fort et le privilégié.

. . . .

Ou M. Méténier est vraiment supérieur et séduisant, c'est dans les tableaux voyous. M. Méténier aime le peuple parce qu'il le trouve plus sincere, meilleur, moins canaille que les autres classes; et l'affection qu'il lui porte ne recule pas devant ses vices et ses lepres. Au contraire, M. Méténier, s'attarde plus volontiers encore au spectacle de la populace, de cette populace de souteneurs et de filles méprisables, irresponsables et si pittoresques qui nous a donné déja les modeles de tant d'œuvres saisissantes.

. . . .

C'est tout cela qu'il nous a expliqué, sur un ton combatif et vite, et vite, comme satisfaite, une curiosité qu'ont encore les dames — paraît-il — et sur laquelle, hélas ! je suis blasé ! J'ai ce goût mauvais et rétrograde que le mot de Cambronne me laisse froid sans le carré de la garde et les Anglais qui l'entourent.

(*Le XIXe Siecle*)

La Casserole est une de ces scenes comme Henri Monnier en a écrit quelques-unes et qu'il a réunies sous ce titre : *Les Bas-Fonds*. On a tiré le volume à 100 exemplaires et l'exemplaire a coûté 100 fr. aux premiers souscripteurs. C'étaient des scènes qu'Henri Monnier récitait quelquefois dans un atelier, portes closes, quand on avait éloigné les femmes, sans en excepter les modeles. On l'eût bien étonné si on lui eût dit qu'un jour viendrait où la bonne compagnie parisienne se réunirait dans un théâtre pour écouter des pieces faites sur le modele de ses scènes, mais d'où l'on aurait eu soin de retrancher tout goût d'arrangement et d'art, ce feu d'idéal qui rend l'ordre supportable et même piquante aux esprits blasés. Je ne sais rien de plus vilain

un homme qui décharge son cœur et qui est bien aise de le décharger.

Son succes a été considérable et de pleine sympathie.

Et le succès de *La Casserole* aussi.

. . . .

La piece est d'un tres vif intérêt de détails, et la langue, pour un peu moins montée en couleur qu'elle n'était dans la nouvelle, n'en est pas moins encore fort curieuse et d'une sincérité absolue. M Méténier n'a pas voulu atténuer la violence de son récit, et ce ne sont pas des audaces qu'il en a fait disparaître ; il a seulement, et pour la clarté, remplacé quelques mots d'argot trop incompris par quelques vocables de langue courante.

. . . .

Voici que M. Alhaiza annonce trois représentations nouvelles de *La Casserole*. C'est une pièce à voir. Il y a du reste, au fond de toutes les œuvres de cette école-là, une grande idée de pitié sociale, pareille à celle qui guidait l'auteur de la *Puissance des Tenèbres*, et qu'on ne saurait trop aider à faire son chemin. (*La Reforme*)

. . . .

La Casserole a été jouée au Moliere par les artistes de

et de plus assommant que *La Casserole*. Il n'y a pas là-dedans l'ombre de mérite d'aucune sorte. Ça n'éveille pas même la bête. Et dire qu'un millier de personnes ont attendu jusqu'à une heure du matin pour le plaisir d'entendre une actrice jeter en pleine scene le mot dont se qualifient entre elles les femmes de mauvaise vie ! Voilà une curiosité bête ! Enfin, c'est comme ça ! Et il paraît que c'est une renovation de l'art ! (*Le Temps*)

. . . .

La piece ignoble... c'est *La Casserole*.

M. Méténier cherche a s'imposer par le scandale. Un tort, car il ne manque pas de talent, encore que ce talent soit assez superficiel, comme il l'a démontré, notamment, dans ses adaptations inhabilement faites des mauvais drames russes (1).

. . . .

Donc une Casserole a livré un de ses amants, le Marin, *coupable d'une infinite d'assas-*

(1) Il s'agit de la *Puissance des Ténèbres* (''') et de *l'Orage*, qui ont été non pas *adaptés*, mais **littéralement traduits.**

M. Alhaiza au milieu d'une grande affluence de monde.

. . . .

Nous ne conseillons pas aux dames le spectacle actuel du Molière, mais tous les hommes un peu curieux de suivre l'évolution que M. Méténier (et avec lui quelques auteurs parisiens) veut faire subir a l'art dramatique, iront voir et entendre l'épisode mis en scène avec un rare talent par cet écrivain fécond, et, il faut le dire, admirablement doué au point de vue de la concision du dialogue et de la façon d'exposer une situation.

(*L'Eveil*)

J'engage tous les lecteurs de *L'Artisan* a se rendre au Molière pour y applaudir *La Casserole*, le drame naturaliste d'Oscar Méténier. On ne peut s'imaginer l'exactitude des scènes composant cette *Casserole*, surtout pour les personnes ayant suivi de près les usages des quartiers... nobles (lisez : Belleville, la Roquette, etc.) de Paris.

M. Metenier peut se vanter d'avoir remporté un grand et légitime succès.

(*L'Artisan*)

smats (???). Ce Marin *a été guillotiné a la Roquette* (???). Or, un compagnon du Marin, un filou surnommé le Merlan a juré de découvrir la Casserole et de venger son ami. Il fait comprendre qu'il n'était pas lié d'amitié seulement au Marin et que des liens plus tendres. .

Faut-il continuer ? Ou le dégoût vous a-t-il déjà pris à la gorge ?

Le fait est que le Merlan tue la Casserole et dit aux agents avec émotion :

— *Guillotinez - moi ! Je retrouverai la haut mon Marin !* (!!!!!)

Rien a dire de plus sur cette etude de l'ordure. Pouah !

M. Antoine aura mal fini sa saison. (*L'Evenement*)

. . . .

La Casserole de M. Oscar Méténier est un tableau de mœurs dans le monde... ou l'on assassine. A travers la hardiesse du dialogue, qui ne recule devant rien, se dessinent d'âpres figures de sinistres drôles, vigoureusement brossées. La piece a obtenu un gros succes de curiosite

(*Le Petit Parisien*)

L'affiche rouge de la *Matinee* d'hier, au Molière, n'avait guere effrayé le public, car la salle était pleine, et il y avait nombre de dames — plus de dames même, m'a-t-il semblé, qu'aux spectacles ordinaires. La curiosité des choses defendues ne s'est pas affaiblie chez le sexe aimable depuis notre mere Eve. Il est vrai que cette matinée comportait une attraction particuliere : une conférence de M. Oscar Méténier, un des plus marquants écrivains de l'heure actuelle, l'auteur, notamment, d'*En Famille*, joue naguere sur cette même scene du Moliere, et de *Monsieur Betsy*.

Dans une causerie aimable et spirituelle, apres avoir remercié le public belge de l'accueil qu'il a fait a ses œuvres, et apres avoir payé un tribut de reconnaissance à notre compatriote, l'excellent artiste Jose Dupuis, dont le talent a été d'un si précieux concours à *M. Betsy*, M. Oscar Metenier nous a dit comment il avait eté amené a connaitre, etudier, et... presque aimer, ce monde des bas-fonds parisiens, dont il trouve les vices moins odieux, en somme, que les vices — caches — des classes plus élevees, qu'il a été également à même de découvrir, — these qu'il a appuyee de faits piquants.

. . . .

La pièce avait été placée délicatement à la fin du spectacle, afin que les personnes qui en seraient tentées pussent quitter la salle a temps. Il est inutile d'ajouter que la salle, à moitié vide jusque vers minuit, était remplie jusqu'au cintre lorsque la toile s'est levée pour les premières répliques de *l a Casserole*. Seulement les espérances ont été déçues. Cet acte, d'une étonnante niaiserie, est en outre moins malpropre que d'autres que nous avons vus au même théâtre. Il y a des nuances dans l'immonde.

(*Le Moniteur Universel*)

. . . .

C'est un tableau, non pas populaire, mais outrageusement canaille que M. Méténier a brossé avec un talent réel.

Ce genre est grandement contestable et ne serait admis dans aucun théâtre public. Mais comme étude, je n'y trouve pas a redire. Les mêmes scènes grossières, les mêmes détails crapuleux sont traités couramment par les peintres, figurent dans

. . . .

M. Oscar Méténier a hautement revendiqué pour l'écrivain, l'auteur dramatique, et pour lui et le Théâtre Libre en particulier, le droit absolu de peindre, de représenter ce qu'il veut, ce qu'il voit. La jolie vaillantise de M. Oscar Méténier a été très applaudie, même de ceux qui ne partageaient pas ses idées, ou toutes ses idées Et l'on peut dire que M. Oscar Méténier, s'il n'a pas, peut-être, fait triompher sur toute la ligne la cause du Théâtre libre à Bruxelles, lui a, tout au moins, par sa parole ardente et convaincue, acquis l'intérêt de ses auditeurs.

Après la conférence de M. Méténier nous avons eu *l a Casserole*, une de ses premières œuvres, un tableau absolument naturaliste et très pittoresque de la société louche des bas-fonds excentriques de Paris. Sans valoir *En Famille*, un autre tableau du même monde, *l a Casserole* est une œuvre intéressante en sa vérité étrange. Elle a été très bien enlevée par ses interprètes du Molière. ......   (*Le Soir*)

. . . .

Quant a *l a Casserole* de M. Oscar Méténier, l'auteur

les expositions, sont applaudis de tout le monde quand l'art y domine, et decrochent des médailles du jury.

Pourquoi la peinture vivante par le théâtre n'aurait-elle pas le même champ que la peinture figée par le pinceau ?

Pourquoi ce qui provoque ici l'admiration fait-il jeter la les hauts cris? Pourquoi ?

Mais il y aurait long a disserter là-dessus et voici que le jour fait pâlir ma lampe.

(*La France*)

. . . .

Ce sombre croquis des mœurs de la basse crapule n'a pas tenu tout ce qu'il promettait. On espérait plus de hardiesse de la part de l'auteur d'*En Famille*, et j'ai bien vu que les dames dissimulées dans les loges du Théâtre Libre n'avaient pas épuise la grosse provision de pudeur offensée dont elles s'etaient munies avant de se rendre a l'invitation de M. Antoine. Un peu d'argot, quelques mots grossiers sont un fade ragoût pour des palais tels que les nôtres.

On est parti déçu.

. . . .

Je n'ai pas besoin de faire

de *M. Betsy* et de *En Famille*, interdite par la censure, nous la classons de suite parmi les œuvres destinées a se perpétuer.

. . . .

Ce petit acte est plein de vie et fournit une étude tres serrée des mœurs interlopes des quartiers mal famés de Paris.

. . . .

L'auteur a eté rappelé apres la chute du rideau et on l'a fête comme il le méritait

Le Molière est entré dans une bonne voie ; aussi espérons-nous que son devoué directeur voudra bien continuer cette série intéressante d'art jeune et libre.

(*L'Impartial bruxellois*)

M Oscar Métenier, l'ecrivain réaliste bien connu, qui a jeté un si grand jour sur les bas-fonds de la société parisienne et qui a dépeint avec un talent incontestable, dans ses romans et ses nouvelles, les mœurs des voyous, des souteneurs et des filles, est venu donner jeudi, a la premiere matinée libre, une conference des plus interessantes.

Trois quarts d'heure durant il a parlé avec une simplicite charmante et un esprit remarquer que ce scénario ultra-réaliste rappelle par plus d'un point les sujets traités par les grands tragiques. La qualité des personnages, le milieu dans lequel ils s'agitent, la langue qu'ils parlent distinguent certainement les heros d'Eschyle, de Sophocle ou de Corneille, des individualités mises en scene par M. Méténier. Mais au fond nous retrouvons chez eux la férocité, le courage indomptable, le respect de la foi jurée, l'amitié dévouée jusqu'à la mort, le point d'honneur dont s'honorent et se parent les protagonistes des drames classiques. Je n'insiste pas sur ces rapprochements.

Le charme de *La Casserole* est tout entier dans la vérité de la mise en scene. Poussant jusqu'à l'exagération le scrupule artistique, la direction du Théâtre Libre avait engagé, a la representation, d'authentiques ròdeurs de barrières, des *poivrots* sortis la veille de Sainte-Anne, des *grinches* momentanement sans ouvrage, et des apprentis *escarpes*. De ces bêtes humaines suant l'alcool dans des loques pittoresques, fournies certainement par un recéleur, s'exhalait une odeur très nauséabonde, que humaient à pleines narines de

bien français sur : *les Voyous dans la littérature*. Il a défendu cranement ses convictions littéraires, a cinglé, avec une ironie fine et mordante, l'hypocrite indignation du monde bourgeois qui s'eleve contre la hardiesse de certaines expressions et l'exposition des scenes prises sur le vif.

. . . .

Cette conference, que le public a fort goûtée et vigoureusement applaudie, etait suivie de *La Casserole*, drame en un acte de M. Méténier lui-même.

Cette dernière pièce, d'un réalisme saisissant et d'une grande puissance dramatique, dévoile un coin tragique de la vie du souteneur, en même temps qu'elle est une étude de l'argot moderne.

(*Le Peup'e*)

. . . .

Oscar Méténier a fait au public bruxellois sa simple profession de foi avec une remarquable franchise d'allures. Il a développe, en l'appliquant au théâtre, la these invoquée par les romanciers d'aujourd'hui qui n'admettent point l'art sans la vérité et qui affirment que l'art est une manifestation de la vérité. En une causerie concise, très belles dames, en quête d'impressions vives. Mais ces spectatrices ont dû se contenter de ces satisfactions olfactiques, simple relent de crasse et de boue. Le dialogue ne dépasse pas, s'il l'atteint, les audaces de quelques romans modernes.

(*Le Gaulois*)

Et le spectacle s'est terminé par *la Casserole*, le clou de cette representation unique.

. . . .

Notre confrère Hector Pessard nous a affirmé que cette piece était jouée par des repris de justice.

En ce cas, le Théâtre Libre ne serait pas seulement une chose malpropre ; il deviendrait encore une chose dangereuse.

(*L'Eclair*)

C'est un grand tort de formuler un jugement au sortir immédiat d'une représentation. Je viens de reconnaître l'absolue justesse de cette vérité a propos de cette fameuse *Casserole* de M Oscar Méténier, dont on a tant parlé ces jours derniers

gauloise, marquée tout du long au sceau de l'esprit gaulois, avec une note gouailleuse personnelle à l'orateur, celui-ci a fait le proces — peu solennel ! — du theatre ohnettique et feuillettatoire ; il a prouvé que sa *Casserole*, dans sa forte nudité, était moins immorale que les quatre actes du *Maitre de Forges*.

. . . .

Enfin, le conférencier a plaidé la cause de l'indépendance personnelle dans l'art, l'indépendance sans limites et sans chaînes, et résumé son opinion dans une phrase aussi categorique que profonde : — « J'ai fait *la Casserole*, comme j'ai fait *En Famille*, *parce que ça m'a plu* ; s'il est des imbéciles qui sur mon passage poussent des cris de terreur et des hurlements d'indignation, je souris et je passe outre Somme toute, je n'impose mes pieces a personne ; les voit jouer qui veut et je ne sache pas que j'aie pour principe d'avoir trompé quiconque sur la marchandise !.. »

Ponctuée dans ses passages saillants par les applaudissements significatifs du public, cette profession de foi a valu à Oscar Méténier un succes qui frisait le triomphe. Ce triomphe s'est

Si j'avais été obligé de donner mon avis sur ce drame des bouges aussitôt après la répétition générale, il est certain que j'aurais blâmé l'auteur ; et voilà qu'après vingt-quatre heures de repit, je ne trouve plus que des éloges à lui adresser.

D'où vient ce revirement d'idées? Tout simplement de ce que, pendant ce court laps de temps, le drame poignant, sincère, qu'il y a dans l'œuvre, s'est dégagé des piments qui l'assaisonnent et qu'il m'est apparu dans le calme, tandis que, abasourdi, je l'avoue, au sortir de la répétition, par un dialogue auquel on m'excusera d'avoir mis quelques heures à m'habituer, je n'avais saisi que confusément les diverses péripéties par lesquelles l'action se déroule.

Ce n'est pas un joli monde assurément que celui où s'agitent le Merlan, le père Chabot, la Terreur de la Maube, la Grande Carcasse, Lisa, la Rouquine. Mais ce monde-là existe, il vit près de nous, avec ses douleurs aigues et ses joies brutales, ses vices dégradants et ses vertus relatives. Oui, ses vertus ! Cela peut paraître surprenant que le Merlan et la Grande Carcasse aient un code de l'honneur comme tout le monde. Cela est retrouvé au reste pendant la représentation de *La Casserole*, le corollaire de la conférence donnée par l'auteur.

Cet acte d'une vérité puissante, brutalement conçu sur un tableau vécu, sans trame, sans intrigues, sans entrées ni sorties scéniques puant la banalité des vieux refrains admis, a empoigné vigoureusement le public. Une scène de mœurs, âpre, sinistre par son milieu, sinistre par son action d'une simplicité cruelle. Avec son éclectisme d'homme de théâtre, Méténier n'en a pas moins su, tout en respectant les formules nouvelles, choisir ses effets scéniques, — et l'on est resté stupéfait, haletant, devant ce tableau vivant, génialement exact !...

. . . .

Faut-il dire qu'artistes et auteur ont été ovationnés triomphalement? Et faut-il dire aussi que le théâtre libre, le théâtre vrai, le théâtre de l'avenir a fait une glorieuse étape de plus? A M. Méténier et à la vaillante troupe du théâtre Molière la gloire d'avoir remporté cette victoire nouvelle !

(*La Lutte*, de Namur)

M. Méténier, l'auteur de *la Casserole*, a fait sa conférence, nourrie d'idées et de souvenirs personnels, sur cependant, et voilà pourquoi le drame est passionnant et sincère ; voilà pourquoi, lorsque la Grande Carcasse se révolte à l'idée qu'on peut la prendre pour une voleuse, elle s'écrie avec la plus grande sincérité, la plus absolue bonne foi :

— Putain, oui! putain tant qu'on voudra ; mais grinche, jamais !

Voilà pourquoi encore le Merlan accomplit ce qu'il appelle un acte de haute justice lorsqu'il plante son couteau dans le dos de la fille qu'il accuse d'avoir, par ses révélations a la police, envoyé à la « Nouvelle » son ancien amant, le Marin, accusé et convaincu de crime.

. . . .

Et c'est pour cela que nous applaudissons ferme à la tentative désormais victorieuse de M. Antoine et de ses camarades. C'est parce qu'ils ont montré au public un idéal tout autre que celui si conventionnel de l'ancien théâtre, un idéal de vérité et d'exactitude.

(*La Jeune République*)

« les voyous dans la littérature ».

M. Méténier, avant de s'adonner entièrement à la littérature, a été secrétaire de différents commissariats de police de Paris, notamment dans les quartiers excentriques de Belleville, Grenelle et la Roquette.

Il y a appris à connaître le peuple et a l'aimer ; à l'aimer malgré ses vices, car le peuple est franc et sincère dans ses vices, alors que le grand monde, sous le couvert de ce qu'il est convenu d'appeler la morale, ajoute à ces mêmes vices l'hypocrisie.

Le conférencier a expliqué ainsi la prédilection qu'on retrouve dans ses livres pour une certaine classe de la population.

M. Méténier a été vigoureusement applaudi.

La Casserole, qu'on jouait ensuite, est une pièce en un acte; les situations sont très osées, la scène se passe dans un monde d'escarpes et de filles perdues, les mots sont quelquefois tres raides, mais tout est justifié : cette pièce, au fond, est d'une moralité âpre et austère.

L'interprétation en a été tres convenable; Mlle Leinde s'y est surtout fait remarquer dans le rôle de Carcasse. (*Nouvelles du Jour*).

Henry KISTEMAECKERS, Éditeur

73, rue Dupont, Bruxelles

.   -   -   -   .   -   `   .

DERNIÈRES PUBLICATIONS :

Le Cadavre.—Roman naturaliste par J. F. Elslander.
1 vol. de 320 pages; prix fr. 3.50.

Une affichette jaune aux montres des libraires, avec,
dessus, ces deux mots : « Le Cadavre », une affichette que
le passant distrait effleure du regard, puis quelques articles
d'ordinaire analyse dans les revuettes d'art à cinq cents
exemplaires, enfin quelques parlottes entre gens de lettres,
parlottes dédaigneuses un peu et où perçait la volonté
d'étouffer le nouveau, assez fort pour être à craindre, assez
fier pour n'appartenir à aucune bande, c'est tout le bruit
qu'a fait — et que fait toujours, car telles sont nos indiffé-
rences — la naissance d'un écrivain de race dans notre
pays.

Celui-ci, Elslander, est un modeste, voire un ulcéré, à ce
que je crois. Il avait un tempérament ; il a acquis l art, et
le voila dans l'enfer d une modeste fonction dont son très
beau talent ne le tirera pas — la Belgique ne faisant pas un
sort aux hommes qui l'honorent de cette manière — un
peu maugréant contre les choses, triste sans doute de
l'horizon sans issue qui emprisonne sa vie, isolé.

Malgré tout, il continue, il écrit toujours, d'une conscience d'artiste absolue. Il écrit des choses sombres, des
choses lugubres, des choses brutales — car ainsi le veut sa
nature, et peut-être son enfance n'a-t-elle pas été entourée
des gaîtés de la vie à l'aise — mais des choses superbes.

Deux livres déja sont parus, sortis des mains de ce bon
ouvrier de la plume : *Rage charnelle; Le Cadavre.*

Le premier est une œuvre de la plus grande allure,
violente, emportée, pure parce qu'intransigeante, belle parce

que sincère ; quatre cents pages naturalistes auxquelles il n'y a rien à reprendre et dans lesquelles il y a beaucoup à admirer.

Le second, trois nouvelles dont deux ont toutes les qualités solides du livre précédent.

La note générale? — L'épique dans le macabre.

Je ne peux analyser ces pages — ce n'est pas ici le lieu — mais j'ai tenu, après la lecture fort absorbante, à crier holà aux gens qui passent et à leur dire : Un écrivain nous est venu. Il nous a donné deux maîtres livres, et c'est quelqu'un.

RENORY.

La Création du Diable, roman décadent, par M. RAYMOND NYST. — 1 volume in-16, papier de Hollande, couverture illustrée par Schlobach.—Prix : 3 fr. 50.

C'est la seconde œuvre de M. Raymond Nyst et qui marque dans sa vie littéraire une nouvelle phase. La prime et virtuelle — je pense — qualité de talent étrange et complexe est une variation curieuse de sa pensée et de son écriture fine — ce qui m'a frappé à chacune des apparitions de ces volumes . . . .

La Création du Diable est une œuvre étrange — et à vue première un peu sombre, où éclatent la couleur et la joie des mots. *La Création du Diable* imprime sa première ligne dans le milieu d'un rêve — d'un rêve qui s'épanouit en splendeur — et peu à peu ce rêve d'un peu obscur au commencement qu'il était, d'un tantinet vague, s'aligne, se précise, s'érige, s'adapte victorieusement à l'âme, la hante, la subjugue.

Dès lors s'affinent les phrases rares, taillées, despotiques, au cœur desquelles palpitent les vibrations intenses d'une pensée. Et toutes ces pensées éclatent dans l'inattendu d'une note nouvelle, claire et hautaine, faisant la nique aux vieilles idées marmottantes, allant alertes de ci, de là, joyeuses aussi parfois dans l'austérité du concept. — C'est donc un rêve qu'écrit Raymond Nyst. — Et ce rêve continue, déployant l'étonnement d'une cinquantaine de vices— un tas de vices rares, de vices coquets, de vices d'aristocratie secrète.

Mais, remarque curieuse en ce livre d'essence curieuse, le vice de M. Raymond Nyst est un vice intellectuel et refléchi. Il est créé, non senti. C'est ici le vice artiste — semblant ne pas connaître le vice *correspondant*, vivant — en la vie réelle, un échelon plus bas. C'est une œuvre d'artiste rêveur, conséquemment créateur, bien davantage qu'une notation d'artiste observateur. Et je dois bien avouer, à M. Nyst, que toutes mes sympathies vont au premier !

Chose fort intéressante à noter : certaines descriptions des « vices » énumérés par l'auteur, paraissent de merveilleuses transpositions de tableaux peints par les mains de son rêve. Et il en resulte une fort grande pureté ; on ne songe plus qu'aux couleurs, aux lumières, à tout cet art s'harmonisant au fond attentif et fidèle des prunelles — telle, même ! — la *luxure des vierges*, et d'autres scènes plus finement encore ciselées peut-être.

Ceci me conduit à parler de l'écriture de l'œuvre, écriture très fine et fort précise, quelquefois même trop condensée ; la phrase si parfaitement enserre la pensée, que celle-ci s'amincit et paraît un peu difforme. Mais elle s'enchaîne avec un tel prestige à sa sœur prochaine que tout à coup elle fait éclater son corselet de mots et apparaît alors dans l'harmonie de ses formes nues et fraîches. L'écriture est ce qu'est l'idée : l'une à l'autre étroitement adéquate. Et c'est là je crois ce qu'il faut : le style est la courtisane humble de l'état endémique de l'idée. M. Raymond Nyst a une langue de riches vocables de couleurs, de soleils, de pénombres, et sa pensée, à l'aise dans les plis soyeux de sa traîne, choisit parmi eux les mots qui plaisent à sa parure.

Et toute l'œuvre prend une grande allure d'aristocratie merveilleuse et souple. . . . .

(Extrait de la Revue *Les Jeunes*.)

Le troisième Sexe, roman fin de siècle, par l'auteur de *Ressort cassé*, un volume grand in-16, prix fr. 3-50.

Le titre de ce roman pourrait effaroucher quelque peu, pour quiconque croirait n'y deviner qu'une peinture hardie de vices ou de passions malsaines. Mais la genèse des sentiments de ce livre, dont l'héroïne est un personnage de pure exception et qui reste hors la loi commune, présente au contraire une analyse sociale tout autre. Nous sommes transportés dans un monde hyperesthésié, qui détruit l'optique ordinaire de la vie, qui déplace le point auquel nous avons l'habitude d'envisager les choses.

Ce roman, qui repose sur une intrigue peut-être romanesque, présente pourtant des tableaux tres exacts de certaine société mondaine dans cette fin de siècle, et des caracteres de grandes dames très fins et très curieusement observés. Il s'y agit d'un être bizarre, portant d'ordinaire le costume féminin, mais se trouvant aussi bien à l'aise sous l'habit viril, être charmant et séduisant, aimé de tous, mais n'aimant personne. L'auteur, par une conception philosophique, a fait évoluer autour de ce personnage toutes les variétés d'amoureux, même celles qui ne sont pas inscrites au *codex* de l'amour, et qui restent les remèdes secrets des passions, jadis inavouées, presque avouées aujourd'hui. Il nous montre des gens qui aiment suivant la vieille methode, d'autres qui sont les voyageurs troublés de Lesbos et de Sodome...

RAGE CHARNELLE

ROMAN NATURALISTE PAR J.-F. ELSLANDER

UN VOL. IN-12 DE 409 PAGES

BRUXELLES, CHEZ H. KISTEMAECKERS, 1890

(TROISIÈME MILLE)

Dans une clairière de la forêt qui couvre aux alentours les monts et les vallées jusqu'aux confins des plus lointains horizons, au bord d'une mare d'eau stagnante, une tour féodale, ravagée par le temps, élève au dessus des frondaisons les restes de ses créneaux noirs. Là, réunis par les hasards du vagabondage et de la misère, vivent dans un farouche isolement, le Marou, une sorte d'homme fauve, étranger à toute civilisation, en qui les vivifiantes énergies de cet océan de sève ont surexcité les appétits sensuels, et Madeleine, une enfant sauvage, abandonnée en cette inquiétante cohabitation par sa mère, morte sous les baisers de ce gueux puissant, dont la force l'avait séduite.

A mesure que la jeune fille naît à la puberté et que se développent les courbes de son corps de vierge, la passion s'allume dans le sang de l'homme et une âpre lutte commence entre ses désirs de plus en plus impérieux et les répulsions invincibles de celle que terrorise son amour de brute. D'abord contenu par les mépris de cette femme dont la seule présence met des tremblements dans sa chair et domine sa volonté, il cherche des diversions aux plus prochains villages, se précipitant, comme une bête de proie, sur les premières femelles entrevues; mais, partout repoussé, il revient à son obsédante pensée et demande à l'ivresse le courage de violenter l'obstination des refus, de sorte qu'il ne reste à la jeune fille d'autre salut que la fuite. Après une lutte terrible d'où l'agresseur sort vaincu, les nerfs pantelants et le crâne brisé, elle quitte cette retraite devenue pour elle inhabitable; elle abandonne sa vie libre des bois et va enfouir ses terreurs dans le servage d'une ferme éloignée.

Cependant, le Marou renaît peu à peu à la vie; du cauchemar de son ivresse et de ses blessures, la passion inassouvie se réveille avec le souvenir. Balafré et sordide, objet de mepris et d'effroi, il vague dans le pays, repris tout entier par sa convoitise, et lorsque enfin il a retrouvé sa victime, il se tapit au bord du chemin où elle doit passer et l'assaille avec tant de fureur qu'il lui arrache la vie en même temps que la satisfaction de sa rage

Ce n'est là que le prélude : voici seulement que le dram commence. Maître, enfin, de ce corps si ardemment souhaité, il l'emporte au travers de la forêt complice qui arrache les lambeaux de vêtements et fait transparaître les nudités; et la morte s'empare de lui, irrésistiblement l'attire, embrase son sang et s'impose à ses volontés. Aussi tremblant devant elle qu'il fut devant la vivante, il la désire et la redoute; il s'approche et se retire; il reprend son fardeau dont les chairs molles viennent se coller a sa peau brûlante et l'abandonne de nouveau; de station en station, il arrive ainsi a son repaire où l'effroyable lutte continue jusqu'a ce que l'homme aneanti expire en polluant le cadavre déjà envahi par la pourriture.

Certes, il fallait un vigoureux tempérament d'artiste pour entreprendre de cette suppliciante possession un récit prolongé l'espace de plus de cent trente pages, dont chacune devait ajouter une teinte plus sombre au ton de bitume de la page précédente, et si l'auteur n'a pas toujours atteint cette gradation dans l'horreur, que l'horreur même du point de départ rendait presque irréalisable, du moins a-t-il su maintenir l'impression haletante au travers d'une abondance de détails qui révèlent une imagination brillante.

Dira-t-on que l'observation fait defaut et que cette fantaisie macabre ne peut mériter le titre de *roman naturaliste* inscrit sur la couverture ? On pourrait répondre que, pour être hors de la nature, le sujet ne serait pas hors de la littérature; mais à ceux que n'attirent pas les apocalypses et qui pensent, avec nous, que la veritable émotion a sa source dans les entrailles de l'humanité, nous nous bornerons à soumettre le fait divers suivant, reproduit récemment par tous les journaux :

« On vient de découvrir à l'hôpital de La Rochelle une serie d'actes criminels presque incroyables. Un nomme Felix Lucazeau était employé à l'hôpital en qualité de cocher du corbillard qui portait les morts au cimetière. L'écurie ou il a ses chevaux était voisine de l'amphithéâtre où sont deposés les cadavres avant d'être mis en bière. Lucazeau avait volé ou avait fait faire une clef qui lui permettait de s'introduire, la nuit, dans cet amphithéâtre, et la il souillait les cadavres de femmes. Cet horrible manege durait sans doute depuis longtemps; mais ce n'est que ces jours derniers que l'aspect de certains cadavres attira l'attention des sœurs, etc. »

En leur style banal de reportage, ces quelques lignes ne contiennent-elles pas en germe tous les développements épiques que M. Elslander a donnés à son sujet, avec même un degré de plus dans l'horrible, puisqu'il s'agirait ici d'une sorte d'habitude froidement pratiquée, tandis que par le jeu d'une passion frénétique, mais très humaine, M. Elslander a, en quelque sorte, magnifié son héros, si bien qu'en le suivant dans le douloureux calvaire de sa *rage charnelle* on se sent pris de pitié et que l'on doit reconnaître que cette œuvre brutale est, après tout, une œuvre de sentiment.

C'est aussi une œuvre d'artiste, une des plus curieuses parues en ces temps derniers et féconde en réelles beautés de style.   (*L'Art Moderne*)

Félicia, ou mes Fredaines, le célèbre roman galant d'Andréa de Nerciat, 2 volumes in-16, nouvelle édition, soigneusement collationnée sur l'originale de Cazin, avec toutes les notes et les commentaires, et 4 jolies illustrations intercalées dans le texte Prix : 10 francs.

Ce roman est une des plus jolies productions de la littérature du siecle dernier; l'auteur a levé le rideau derriere lequel s'ébat joyeusement la société galante d'alors. Il nous raconte ce qu'il a vu et il a expérimenté beaucoup. Il y a dans ces volumes de réels bijoux littéraires dont on ne saurait nier le charme; c'est un véritable tableau de la grande maladie du cœur humain — l'amour — qui s'y trouve étudié sous toutes ses phases.

Ce livre n'a pas été imprimé pour être donné en prix, ni même pour être lu par tout le monde. Son prix relativement elevé le garantit contre les regards des indiscrets. Les « joyeux » seulement sont appelés à feuilleter ce volume qui serait mal placé sur une table de salon a la portée de Mademoiselle.

Deféré par la pudeur d'un magistrat du parquet de Bruxelles à la Cour d'assises, pour avoir réimprimé FÉLICIA, l'éditeur a bénéficié d'un double acquittement.

Autour d'un Clocher, par Fèvre-Desprez, 1 gros volume in-16, 400 pages. Prix : fr. 3.50. Henry Kistemaeckers, éditeur, Bruxelles.

Ce livre est une révélation. On nous dit que l'auteur est un jeune homme de dix-huit ans, et quand on juge la quantité de talent dépensé dans cet ouvrage, on se demande si l'affirmation est vraie et si un jeune homme est capable d'un pareil effort d'observation. Car voilà certes un des plus curieux romans publiés depuis longtemps.

Autour d'un Clocher est l'histoire d'un village. Le paysan décrit, photographie, tel qu'il existe, non pas le paysan idyllique plus ou moins enrubanné de Theuriet ou de Georges Sand, mais le paysan *vrai*, brut, rustre et hypocrite, tel que nous le connaissons, travaillé par une passion unique : le gain, qui le pousse journellement à un tas de petits larcins et lui fait vendre sa voix élective pour un tonneau de bière ou une *regalade* de jambon.

Au milieu de ce tableau une silhouette de prêtre, l'abbé Chalindre, bougon et sournois, de sang puissant — ni un abbé Constantin, ni un abbé Tigranne — le prêtre de campagne vu de près.

L'action du roman est vive et serrée. Plus de descriptions longues, plus de gravité scientifique, plus de pessimisme à outrance De Flaubert à Huysmans les naturalistes semblent voir le monde à travers des lunettes noires ; Fevre-Desprez au contraire accepte la vie sans amertume, en la présentant par ses côtes comiques. On dirait une kermesse de Teniers.

D'aucuns ont reproché à ce livre la brutalité, voire même la grossièreté de la forme, car l'auteur se sert de la langue naïve de Rabelais et de Brantôme. Mais c'est là le petit côté de l'œuvre. Ce qu'il faut considérer, c'est le roman pris dans son ensemble, cette large peinture de mœurs rurales ; c'est aussi la visée et la tendance du livre, tendance anti-cléricale et sincère dans toute l'acception du mot. Et cette sincérité d'allures fait pardonner la rudesse des figures et l'audace du mot.

Poursuivi par le parquet de Paris, et traîné en Cour d'assises le 20 décembre 1884, l'auteur de ce maître-livre fut condamné à l'amende et à la prison. En réalité cette condamnation fut son arrêt de mort, car il mourut peu de temps après des suites d'une affection contractée sous les verrous. Le jury de la Seine avait fait de la belle besogne !

La magistrature belge, mieux avisée et plus éclairée, acquitta tout simplement *Autour d'un Clocher.*

Charlot s'amuse ! le célèbre roman sur l'onanisme, par Paul BONNETAIN. — Ouvrage poursuivi en Belgique et en France, et acquitté par la cour d'assises de la Seine et celle du Brabant. — 1 vol. de 400 pages in 16. — Prix : fr. 3.50.

A Naples. — Notes familières, par VICTOR HAL-LAUX.

Une superbe plaquette de grand luxe, parsemée de *nombreux* dessins, par F. GAILLIARD, et illustrée d'un magnifique frontispice à l'eau-forte par Janinski. — Tirage limité sur beau papier vélin à la forme, format in-8°, couverture artistique.

Quelques exemplaires seulement. — Prix : 3 fr. 50.

Pour la liberté d'écrire. — Plaidoyer prononcé par LOUIS DESPREZ devant les assises de la Seine, pour la défense de son maître livre « *Autour d'un clocher* ».

Plaquette de 50 pages in-16, mémoire des plus émouvants qui restera comme un monument littéraire dans les lettres françaises. — Prix : 0.60 fr.

Les Litanies des Ponacres, par A. - J. BOYER
D'AGEN. Brochure de grand luxe, imprimée en deux couleurs, sur papier de Hollande.—Tirage limité.—Prix : 3 fr.

L'auteur a pris pour modele, après Baudelaire, le Richepin des pièces condamnées de la *Chanson des Gueux* et,
avec une virtuosité rare, il cisèle de petits bijoux d'un fini
surprenant. A dire vrai, ces bijoux ont trop souvent un air
de parenté avec les figures du musée de Naples et ne pourraient être mis entre toutes les mains ; mais je ne puis
m'empêcher de les signaler à la fois aux *hommes mûrs* et
aux apprentis poètes.

Les nouvelles de Molza, célèbre conteur florentin
du XVIe siècle, traduites pour la premiere fois en français
par M. L. — 1 fort joli volume sur papier de Hollande de
choix, imprimé avec luxe et illustré de délicieuses vignettes,
par F. GAILLIARD. — Prix : 2 fr. 50.

Molza etait célèbre en son siècle. On plaçait ses écrits à
côté de ceux de Bembo, de l'Arétin, de Bocace, de Ban-
dillo.

Il prit rang parmi les nouvelliers les plus agréables et
les plus en vogue ; aujourd'hui on lui appliquerait l'épi-
thète de « pornographe ».

Sorti de l'Université de Bologne, après de fortes études
et ses grades de droit, il alla de bonne heure à Rome
pour y chercher fortune et y fréquenta les jolies pécheresses
qui abondaient alors dans la capitale du monde chrétien.
Il y donna libre cours a ses talents, comme à son goût du
plaisir. Ses bonnes fortunes ne se comptèrent plus.

Les critiques les lui ont reprochées avec aigreur, comme
si c'était un crime d'aimer les jolies femmes et d'être payé
de retour, et comme si la gloire de Catulle, de Tibulle et de
Properce était diminuée parce qu'ils chantèrent Zélie, Né-
mésis, Néera et Cinthie !

AVIS

Nous supprimons dans nos catalogues environ **250 ouvrages divers** COMPLÈTEMENT ÉPUISÉS DANS NOS RAYONS, et notamment les ÉDITIONS ORIGINALES DES AUTEURS SUIVANTS, publiées par nos soins :

JEAN D'ARDENNE, Notes d'un Vagabond. — HARRY ALIS, Les Pas-de-Chance. — PAUL ALEXIS, Le Collage. — PAUL BLUYSEN, Le Larbin de Madame. — MAURICE BONIFACE, L'Obélixe. — A. DE BERNARD, Les Ophidiennes. — O. BENT, Les Coudes sur la Table. — BOYER D'AGEN, La Gouine — ROBERT CAZE, Femmes a soldats ; Le Martyre d'Annil. — LÉON CLADEL ; Par devant Notaire, Six morceaux de littérature ; Petits cahiers ; Martyrs ridicules, etc. — LUCIEN DESCAVES, Le Calvaire d'Héloise Pajadou ; Une Vieille Rate ; La Teigne. — FRANCIS ENNE, l'Abbé Delacollonge ; d'Apres Nature (1ᵉ et 2ᵉ séries.) — GEORGES EEKHOUD, Kees-Doorik ; Kermesses. — PIERRE ELZÉAR, La Femme de Roland. — FLOR O'SQUARR, Chrétienne. — GRAND JACQUES, Diligence de Lyon. — HENRI FOUQUIER, Au Siècle Dernier. — LÉON GANDILLOT, Entre Conjoints. — JEAN GASCOGNE, Discrétion — G. GODDE, Le Père Durieu — ED. DE GONCOURT, En 18... — ERNEST D'HERVILLY, Vénus d'Anatole — JULES GUERIN, Fille de Fille. — THÉO HANNON, Rimes de Joie ; Au Pays de Manneken-Pis ; Mirliton priapique ; Frère Cupidon, etc., etc. — LÉON HENNIQUE, Deux Nouvelles ; Benjamin Rozes — LEMONNIER, Un Mâle ; Le Mort — EDMOND LEPELLETIER, Laitou. — GUY DE MAUPASSANT, Mˡˡᵉ Fifi. — RENE MAIZEROY, L'Amour qui saigne. — CATULLE MENDES, Le Crime du Vieux Blas. — OSCAR MÉTÉNIER, La Chair ; La Croix. — ERNEST MOREAU, Parrain. .. — HENRI NIZET, Bruxelles rigole ; Les Béotiens. — ED. PAZ, Anémiées. — FRANCIS

Poitevin, Ludine ; Songes ; Petitau. — Jean Riche-
pin, La Chanson des Gueux (pièces condamnées). —
Edouard Rod, Chute de Miss Topsy. — F. Rouvier, Oh !
le Monologue. — Ch. de Sivry, Le Prêtre, etc — Sutter-
Laumann, Les Meurt-de-Faim. — Lucien Solvay, Au Pays
des Orangers ; Belle - Maman — Adolphe Tabarant.
Virus d'Amour. — Theo - Critt, Entre Amoureux. —
Octave Uzanne, Correspondance de Mme Gourdan ; Cen-
tenaire bibliographique, etc. — Sam Wiener, Le Mont
St-Michel, etc , etc., etc.

———

Toutes nos publications d'Histoire, d'Économie sociale,
de Politique, de Medecine, de Philosophie, ainsi que nos
Curiosites typographiques, sont également épuisées.

Collection de réimpressions galantes du XVIIIe siècle.

La chandelle d'Arras, par l'abbé Dulaurens. —
1 vol., frontispice à l'eau-forte par F. Rops. — Épuisé.

**Aventures de l'abbé de Choisy, habillé en
femme.** — 1 vol., frontispice de Chauvet. — Épuisé.

Margot des Pelotons, par Huerne de la Mothe. —
1 vol., 2 gravures originales. — Épuisé.

Les Sérails de Paris (les Matrones, Mères- Abbesses
et Appareilleuses au XVIIIe siecle). — 1 vol. — Épuisé.

Les Sérails de Londres, pour faire suite au précédent. — 1 vol. — Épuisé.

Thémidore, ou mon Histoire et celle de ma Maîtresse,
par Godart d'Aucourt. — 1 vol., 8 dessins originaux. —

Ouvrage jugé par la cour d'assises du Brabant, le 23 décembre 1885. — Épuisé.

Les Muses du Foyer de l'Opéra. — 1 vol. avec de nombreux dessins en couleurs. — Épuisé.

Mémoires de la vie galante de l'abbé Aunillon, par DELAUNAY DU GUE. — 1 vol., frontispice — Épuisé.

Les Soupers de Daphné, par MEUSNIER DE QUERLON. — 1 vol., 3 dessins. — Épuisé.

Contes érotico-philosophiques, par BEAUFORT D'AUBERVAL — 1 vol , 64 dessins. — Épuisé.

Mademoiselle Javotte, par PAUL BARRETT — 1 vol. avec 60 dessins. — Épuisé.

Le Cheveu, par SIMON COIFFIER DE MORET. — 1 vol. avec 10 dessins en couleur. — Épuisé.

Les Quarts d Heure d'un Joyeux Solitaire, par l'abbé DELAMARRE. — Ouvrage jugé par la cour d'assises du Brabant. — 1 vol., frontispice. — Épuisé.

La Vie de Garçon dans les Hôtels garnis (Paris-Bohême) — 4 vol., frontispices. — Épuisé.

La Correspondance de Mme Gourdan, dite la petite Comtesse ; préface d'OCTAVE UZANNE. — 1 vol. avec eau-forte. — Épuisé.

Histoire galante du Père Lachaize, jésuite confesseur de Louis XIV, ses aventures galantes avec les dames et les agréables choses qui arrivèrent dans le cours de ses galanteries — 2 vol grand in-8º, portrait. — 10 francs.

L'Écumoire. Histoire galante japonaise, par Crébillon le Fils. — 1 vol in-8o, 5 figures par Binet, tirées en couleur — 10 francs.

Le Paysan perverti, par Rétif de la Bretonne. — 2 vol. in-8o, édition de grand luxe. — Épuisé.

Entre Chien et Loup, par la comtesse de Choiseul-Meuse. — Édition sur papier parcheminé, frontispice. — Épuisé.

Paris, le Paradis des Femmes, par la même. — 1 vol , frontispice. — Épuisé.

Les Faits et les Gestes du Vicomte de Nantel — Ma Vie de Garçon (avec une préface de Jean Richepin). — 1 vol., frontispice. — Épuisé.

— ·

ABONNEZ-VOUS AU :

XVIIIe Siècle galant et littéraire illustré. — Publication de grand luxe , paraît quatre fois par an (1er avril — 1er juillet — 1er octobre — 1er décembre) en volumes de 100 a 120 pages, format in-8o. — Prix de l'abonnement : 15 francs par an, franco partout.

Tous les bibliophiles s'abonnent à l'élégant recueil : *Le XVIIIe Siècle galant et littéraire.*

Imprimée avec un luxe remarquable, semée de croquis et de culs-de-lampe nombreux, cette gazette du siècle des marquisettes publie des contes grivois et des nouvelles de la plus exquise mignardise, et tous les documents scandaleux du temps.

Peut-être serait-il imprudent de la laisser aux mains des jeunes filles, mais tous les délicats et tous les collectionneurs se précipiteront sur cette délicieuse publication tout embaumée du parfum défunt des boudoirs de nos aïeules.

Envoyez un mandat de 15 francs et vous recevrez de suite l'abonnement de l'année courante.

Le Catalogue complet, raisonné et commenté, de toutes les publications de l'éditeur Kistemaeckers parues jusqu'à ce jour (1875-1890), augmenté de nombreux articles de critique, relations de procès de presse,— documents bibliophiliques, etc., etc.,— ainsi que de neuf fac-similés de marques de fabrique, etc. — Un volume in-8° de 216 pages, contenant 345 numéros, tiré pour les souscripteurs à 200 exemplaires numérotés sur papier de *Hollande a la forme*, au prix de 5 fr., (*épuisé*).

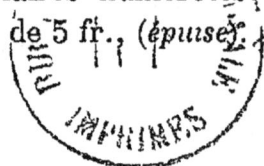

VANBUGGENHOUDT

BRUXELLES

www.ingramcontent.com/pod-product-compliance
Lightning Source LLC
Chambersburg PA
CBHW051727090426
42738CB00010B/2121